1판 1쇄 발행 2013년 10월 10일 | **1판 10쇄 발행** 2019년 11월 20일
2판 1쇄 발행 2020년 9월 10일 | **2판 2쇄 발행** 2021년 10월 29일
글쓴이 최영민 | **그린이** 박종호
펴낸이 홍석 | **이사** 홍성우 | **편집부장** 이정은 | **편집** 차정민, 이은경
디자인 신영미, 송태규, 박두레 | **마케팅** 이송희, 한유리 | **관리** 최우리, 김정선, 정원경, 홍보람, 조영행
펴낸곳 도서출판 풀빛 | **등록** 1979년 3월 6일 제2021-000055호
주소 서울특별시 강서구 양천로 583 우림블루나인 A동 21층 2110호
전화 02-363-5995(영업), 02-364-8000(편집) | **팩스** 070-4275-0445
전자우편 kids@pulbit.co.kr | **홈페이지** www.pulbit.co.kr
블로그 blog.naver.com/pulbitbooks | **인스타그램** instagram.com/pulbitkids

ISBN 979-11-6172-284-9 74330
      979-11-6172-283-2 (세트)

ⓒ 최영민 2013, 2020

이 도서의 국립중앙도서관 출판예정도서목록(CIP)은 서지정보유통지원시스템 홈페이지(http://seoji.nl.go.kr)와
국가자료종합목록 구축시스템(http://kolis-net.nl.go.kr)에서 이용하실 수 있습니다. (CIP제어번호:CIP2020033588)

*책값은 뒤표지에 표시되어 있습니다.
*파본이나 잘못된 책은 구입하신 곳에서 바꿔드립니다.

품명 아동 도서　　　**사용연령** 8세 이상
제조국 대한민국　　　**제조년월** 2021년 10월 29일
제조자명 도서출판 풀빛　**연락처** 02-363-5995
주소 서울특별시 강서구 양천로 583 우림블루나인 A동 21층 2110호
주의사항 종이에 베이거나 긁히지 않도록 조심하세요.
　　　　　책 모서리가 날카로우니 던지거나 떨어뜨리지 마세요.
KC마크는 이 제품이 공통안전기준에 적합하였음을 의미합니다.

양극화의 원인을 이해하고
더 나은 사회를 만들기 위해

    책이 나온 지 7년, 처음 이 책을 읽은 초등학생 독자들은 고등학생 이상이 되었을 것입니다. 그 독자들이 성장하는 동안 한국 사회는 얼마나 변화했을까요. 책에서 다뤘던 양극화 문제는 해소 혹은 완화되었을까요.

    언론을 통해 보도되는 현실과 통계들은 그런 기대와는 상반됩니다. 부의 집중은 더욱 커지고 소득 격차는 늘어나고 있습니다. 집 없는 사람은 줄지 않는데, 부동산 가격은 나날이 오릅니다. 한국 사회의 청년들이 목격하며 겪고 있는 현실은 양극화가 해결되지 않은 채 오히려 깊어지고 굳어지는 느낌을 줍니다. 고질병처럼 되는 것입니다.

    개인의 노력보다는 타고난 조건, '부모 찬스'의 크기가 더 중요하다는 '금수저, 흙수저' 논란은 고질화된 양극화의 일면을 보여 줍니다. 이 논란은 양극화 현실을 살아가는 청년의 아픔을 보여 주는 동시에, 양극화가 세대를 넘어 관철되는 현실을 드러냅니다. '기생수', '엘사' 등 경제적

약자에 대한 비하가 '혐오 놀이'처럼 퍼지는 현상도 양극화의 또 다른 단면입니다. 개선되지 않는 양극화 현실에서 자신보다 낮은 처지의 사람을 공격함으로써 위안을 삼는 게 아닐까 합니다.

양극화가 오랜 기간 이어지면서 이 현실을 받아들이고 그에 맞춰 살아가는 태도도 퍼지고 있습니다. 양극화를 당연 혹은 불가피하게 여기면서 그런 현실에 적응하는 것을 삶의 목표로 삼는 것이지요. 이런 태도에서는 양극화 사회에서 자신의 위치와 이해 관계에 골몰하게 됩니다. 사회가 그렇게 극단으로 나뉘는 것이 옳은지 그른지에 대한 사고는 자리하기 힘듭니다.

양극화는 세계적인 현상입니다. 자본주의 체제가 발전한 나라에서는 대부분 양극화가 심화되고 있습니다. 그렇다고 남들도 다 겪는 문제라고 넘길 수는 없습니다. 양극화 지표가 조금만 움직여도 그 속에는 수많은

사람들이 고통을 겪는 현실이 있습니다. 다른 나라의 양극화가 완화된다고 해서 우리의 현실이 덩달아 바뀌지도 않습니다. 우리 현실은 우리가 바꿔야 합니다.

더 많은 꿈을 꾸고 더 큰 희망을 가꿔야 할 어린이들에게 보기 불편한 통계를 들먹이며 양극화 현실을 이야기하는 건 절망을 권하기 위해서가 아닙니다. 어떤 희망도 사회 현실을 통과해야 합니다. 사회에 대한 올바른 이해는 어린이에게도 청년에게도 중요합니다. 양극화 논쟁의 배경과 맥락을 바르게 이해하고, 이를 통해 어떤 사회를 만들어 나가야 하는지에 대한 생각을 품고 다듬어 나가자는 것입니다.

양극화 현실이 개선되지 않았음에도 개정판을 내는 주된 이유는 책에서 사용하는 통계자료들이 낡았기 때문입니다. 새롭게 이 책을 읽는 독자들이 자칫 과거의 통계로 인해 현실감을 갖지 못할 수도 있어 그들의

현실에 가까운 통계를 보여 주려는 것이지요. 논쟁적 대화 상황을 만들면서 지나치게 지엽적 문제에 빠진 듯한 부분을 수정하기도 했으나, 전체적으로는 초판의 구성과 내용을 유지하고 있습니다.

　다양한 주제의 논쟁을 다루고 있어 복잡하고 산만할 수도 있는 내용을 끈기 있게 읽어 준 독자들에게 감사드립니다. 또한 책이 출판되고 개정판이 나오기까지 수고해 주신 풀빛 출판사 여러분께 감사드립니다. 한 권의 책이 태어나고 책으로서 생을 이어가는 일은 작가 한 사람의 노력만으로는 불가능합니다.

최영민

작가의 말 004

1장 1대 99 사회

우리 사회의 어렵게 사는 사람들 012
촛불 켜고 사는 사람들 015
부자가 부자 되는 사회 019
경제 성장인가, 사회 복지인가? 024

2장 소득 양극화

원인을 알아야 올바른 해결 가능 034
경제 성장이 되면 양극화는 줄어들까? 041
사회 복지를 하면 '복지병'이 생길까? 044
능력 있는 사람이 더 많이 벌면 안 되나 049
실업자와 비정규직은 능력이 부족한 사람들일까? 054
부자와 가난한 사람의 경쟁은 공정한가? 058
개인과 공동체, 무엇이 더 중요한가? 064
함께 정리해 보기 소득 양극화에 대한 쟁점 067

3장 교육 양극화

성적은 사교육에 투자한 만큼? 072
무상 급식은 망국병? 076
개천에서는 용이 나지 않는다 082
차별 시정인가, 역차별인가 090
학벌 없이 성공할 수 있는 사회가 되려면 092
무상 교육을 어떻게 봐야 하나 098
함께 정리해 보기 교육 양극화에 대한 쟁점 105

4장 문화·정보 양극화

가난한 사람은 책을 안 본다? 110
가난에 의한 정보의 가난 115
소득은 문화에 영향을 주나 123
가난한 문화, 부자 문화 130
함께 정리해 보기 문화·정보 양극화에 대한 쟁점 137

5장 건강 양극화

소득에 따라 건강도 다른가? 142
가난하면 건강하기 힘든 이유 146
무상 의료는 공짜 의료? 151
의료 보험을 민영화하면 158
병원은 경쟁하면 안 되나 164
함께 정리해 보기 건강 양극화에 대한 쟁점 169

6장 주거 양극화

종이 상자는 집인가 아닌가 174
더위와 추위는 누구에게나 똑같지 않다 180
집은 돈 버는 수단? 185
집의 양극화가 다른 양극화를 낳고 191
재개발은 누구에게 이익인가 195
민간에 맡겨야 하나, 나라에서 나서야 하나 198
또 다른 양극화 200
함께 정리해 보기 주거 양극화에 대한 쟁점 204

1장
1대99 사회

1대99 사회

우리 사회의 어렵게 사는 사람들

 교실에 들어서니 아이들이 제각기 장난을 치며 떠들고 있었다. 인경과 장난을 치고 있던 대현이 다가왔다.
 "너 뭐 해 왔어?"
 "발표할 거? 그냥, 인터넷에서 찾았어."
 "나도. 뭔데?"
 "촛불……."
 "촛불 시위? 그거 오늘 발표할 게 맞아?"
 대현이 놀란 눈을 했다.
 "촛불 시위 아니야. 넌 뭐 했어."

"난 해고자들. 어떤 자동차 회사. 회사가 어려워서 정리 해고를 많이 했어. 2천 명이나."

"2천 명?"

재호의 눈이 동그래졌다.

"어. 그래서 노조에서 파업도 하고 그랬어. 전에 뉴스에 나왔잖아. 경찰하고 노동자하고 막 싸우는 거……."

TV 뉴스에서 본 것도 같았다. 건물 지붕에서 경찰이 노동자들 잡으려고 긴 봉을 들고 뛰어다니는 장면이 떠올랐다. 많은 사람들이 '해고는 살인이다'라는 글귀가 적힌 천을 붉은 악마 응원할 때처럼 펼쳐 들었던 것도 생각났다. '해고'니 '살인'이니 하는 말들이 너무 낯설고 무서운 느낌이 들어 몸이 오싹하기도 했었다.

"그런데 해고된 사람이 많이 죽었대. 스물세 명이나."

"왜?"

"자살을 많이 했대. 해고자만이 아니라 그 부인도 죽었대."

재호가 멍하니 대현을 바라보았다.

"사는 게 되게 힘들었나 봐. 그래도 어떻게 자살을 하지?"

"해고되면 실업자 되는 거잖아. 빚도 많이 지고, 집에 쌀이 떨어질 때가 많았대."

"다른 데 취직이 안 되나?"

"새 직장 얻은 사람도 있지만, 그게 쉽지 않나 봐. 그래서 공사장에도 다니고 그런대."

"그래도 죽는 건……."

"나도 그건 잘 이해 안 되는데, 먹고 사는 것만 힘든 게 아니래. 사회에서 낙오된 느낌이 든다나 봐. 그래서 심리 치료도 받고 그런대."

낙오? 뒤떨어지는 거? 그게 어떤 느낌인지 잘 이해가 되지 않았다.

"왜 그렇게 해고를 많이 하지?"

"회사 경영이 어려워서 그렇지 뭐. 경제가 안 좋으니까."

"지금은 경제가 많이 나아지지 않았나?"

재호의 물음에 대현이 자신 없는 말투로 말했다.

"그런가 봐. 그래도 해고된 사람들 4백 몇 명은 다시 일하게 됐대."

"아…….."

대현의 말에 재호가 고개를 끄덕였다. 그때 선생님이 교실 문을 열었다.

"우리 사회에서 어렵게 사는 사람들에 대해서 조사해 오기로 했는데,

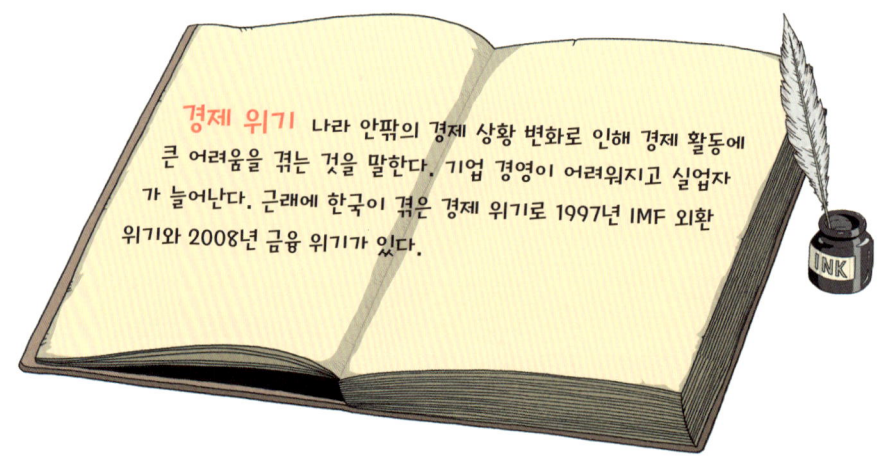

경제 위기 나라 안팎의 경제 상황 변화로 인해 경제 활동에 큰 어려움을 겪는 것을 말한다. 기업 경영이 어려워지고 실업자가 늘어난다. 근래에 한국이 겪은 경제 위기로 1997년 IMF 외환 위기와 2008년 금융 위기가 있다.

모두 해 왔어요?"

아이들이 일제히 큰 소리로 대답했다. 선생님이 환하게 웃었다.

"자, 누가 먼저 발표해 볼까?"

선생님의 말에 아이들이 손을 번쩍 들었다. 어떤 아이는 세 들어 살던 집이 헐리게 된 철거민 사례를 발표했고, 아이가 병에 걸렸지만 치료비가 없어 애태우는 엄마 아빠 얘기를 발표한 아이도 있었다. 대현도 자신이 조사한 해고자에 대해 발표했다. 재호 차례가 되었다.

촛불 켜고 사는 사람들

"저는 촛불을 켜고 자다 불이 나 할머니와 여섯 살 아이가 죽은 사건을 조사했습니다. 할머니네 집은 전기 요금을 못 내 전기가 끊겨서 촛불을 켜 놓고 살았답니다. 밤에 켜 둔 촛불로 인해 매트리스에 불이 붙어 집이 모두 타고, 할머니와 아이도 죽었습니다."

아이들이 웅성거렸다. 선생님이 발표를 끝까지 들어 보자며 아이들을 조용히 시킬 때까지 웅성거림은 계속되었다.

"할머니는 가난했습니다. 식당에서 일을 했지만 무릎이 아파 일을 못 나가 살기가 더 힘들었습니다. 전기 요금을 6개월이나 못 내 추운 겨울에도 난방 기구 없이 살아야 했습니다. 밀린 전기 요금은 15만 7천 원이라고 합니다. 이렇게 전기 요금을 못 내 촛불을 켜고 사는 사람들이 많다고 합니다. 그래서 몇 년 전에도 촛불 화재로 중학생과 장애인 가족이 죽은 일이 있었습니다."

발표가 끝나자 선생님이 재호의 어깨에 손을 얹으며 말했다.

"돈이 없어 촛불 켜고 사는 사람들이라……. 자, 재호의 발표에 궁금한 게 있는 사람?"

한 아이가 손을 들었다.

"잘 때 위험하게 왜 촛불을 켜 놓았대요?"

"밤에 아이 소변 보게 하려고 켰다가, 깜빡했다고 합니다."

"요금을 못 내면 전기를 끊는 건가요?"

"전기를 조금밖에 못 쓰도록 전류 제한 조치를 한대요. 그러면 형광등 하고 작은 냉장고, 텔레비전을 쓸 수 있는데, 정해진 양을 넘어가면 전기가 끊긴대요."

재호가 들고 있는 종이를 보며 말했다.

"여름에 에어컨도 못 켜겠네요?"

"선풍기도 힘들죠."

"전기가 끊겨 촛불 켜고 사는 사람들이 많이 있나요?"

"전류 제한을 받는 집이 많은데, 2015년에 12만 가구, 2019년 이후로는 더 늘어 60만 가구나 된대요."

"겨울에 전기 끊는 건 너무 심한 거 같은데, 가난한 사람들 도와주는 거 없어요?"

"전기를 아예 끊지 않고 제한을 하는 게 도와주는 거래요. 그 이상은

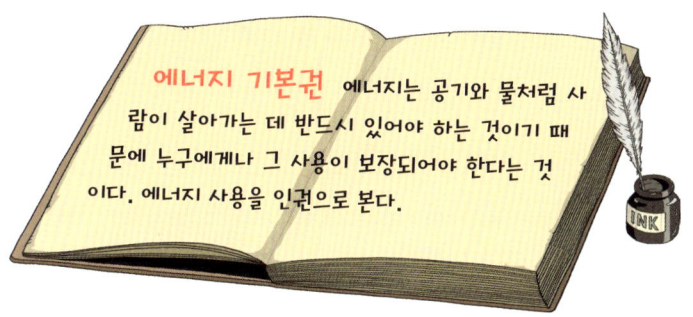

에너지 기본권 에너지는 공기와 물처럼 사람이 살아가는 데 반드시 있어야 하는 것이기 때문에 누구에게나 그 사용이 보장되어야 한다는 것이다. 에너지 사용을 인권으로 본다.

한전_{한국 전력 공사}도 기업이라 그럴 수 없대요."

"한전은 나라에서 하는 기업이라는데……."

"그래도 기업은 기업이지."

"전기가 없으면 어떻게 살아? 모든 게 전기로 이뤄지는데."

"돈을 안 내면 할 수 없지. 땅 파서 전기 만드는 것도 아니고."

"가난하면 전기도 못 쓰고, 죽을 수도 있고, 너무한 거 아냐?"

아이들이 제각기 한마디씩 하면서 교실이 어수선해졌다. 아이들을 조용히 시킨 후 선생님이 말했다.

"전기나 가스 같은 에너지를 쓰는 데 소득의 10퍼센트 이상이 나가는 사람들을 에너지 빈곤층이라고 해요."

"소득의 10퍼센트면, 많이 써서 그런 건가요?"

"에너지를 많이 써서가 아니라 소득이 적어 에너지 비용이 차지하는 비중이 큰 거예요. 그만큼 다른 데 쓸 돈이 적어지기도 하지만, 필요한 에너지를 충분히 사용하지도 못해요."

"재호가 발표한 할머니도 에너지 빈곤층이에요?"

"그렇게 봐야겠지. 그런 사람들이 2013년 기준으로 전국에 160만 가구나 있대요. 한 가구의 가족을 2.5명으로 잡으면, 약 400만 명이 에너지 빈곤층으로 사는 셈이에요. 추정이지만."

선생님이 장난기 어린 눈빛으로 아이들을 보았다.

"우리나라에서 전기 요금을 가장 많이 내는 사람은 누굴까? 후후, 모

르겠지? 어느 재벌인데 2500만 원을 냈대요. 이게 10년 전 얘기네."

"우와, 한 달에!"

아이들이 웅성거리기 시작했다. 에너지 빈곤층 400만 명, 1년 전기 요금 3억 원, 모두 외계인의 말처럼 들렸다.

부자가 부자 되는 사회

"자, 여러분이 발표한 것처럼 우리 사회에는 어렵게 사는 이웃들이 많아요. 그러나 이와 다른 정반대의 경우도 있어요."

"부자들이요?"

지원이 말했다.

"음, 병에 걸려 치료받지 못하는 아이가 있는가 하면 개인 주치의를 두고 있는 사람도 있고, 집을 빼앗기는 철거민이 있는가 하면 수백억짜리 호화 주택에 사는 사람도 있어요. 전기 대신 촛불 켜서 사는 사람도 있고 집 한 채 값의 전기 요금을 내는 사람도 있어요."

선생님이 말했다.

"재산이 천만 원도 안 되는 사람들이 있지만 1조 원이 넘는 사람도 있어요."

"1조가 얼마예요?"

"1조가 1조지."

대현의 물음에 인경이 퉁명스럽게 말했다.

"억이 만 개 있는 거지. 한 달에 200만 원을 번다고 할 때, 4만 년하고도 1600년을 더 모으면 1조가 되네. 한 푼도 쓰지 않고."

선생님의 설명에 아이들 눈이 커졌다.

"억이 만 개?"

"현재 인간의 조상이 지구상에 나타난 게 약 4만 년 전이라면, 그때부터 200만 원씩을 모아야 1조를 만들 수 있는 거예요."

땅속에서 살고 돌도끼를 들던 때부터 모아야 한다고? 상상이 가지 않는 단위에 아이들이 어리둥절한 표정을 지었다.

"우리 사회에는 이렇게 엄청난 부자가 있는가 하면, 하루하루 살아가기 힘든 사람들도 있어요. 그 사이에 작은 부자도 있고, 부자는 아니지만 아주 가난하지도 않은 사람들이 많이 있죠. 이런 사람들을 중산층이라고 해요."

"중산층이 못 되는 사람들이 빈곤층인 거죠?"

예리가 물었다.

"맞아. 중산층이 두껍게 있고, 풍족하지는 않아도 살기가 어렵지 않아야 나라가 안정되고 정치나 문화 이런 것들이 발전할 수 있다고 해요. 그런데 이 중산층이 자꾸 줄고 있어요."

"왜요?"

"아이를 안 낳아서 그런가 봐."

재호의 말에 예리가 '아, 그렇구나.' 하는 표정을 지었다. 선생님이 고개를 저었다.

"인구가 줄어서가 아니에요. 가난한 사람들이 많아지기 때문이에요. 생활하는 데 필요한 비용은 늘어나는데 소득이 그걸 따라가지 못하고, 빚이 늘어서 그렇다고 해요."

선생님의 한 손이 얼굴 높이까지 올라갔다가 내려왔다.

"중산층에서 부자가 되는 사람도 일부 있지만 대부분은 가난해진 거예요. 그걸 중산층의 몰락이라고 해요. 중산층에서 떨어져서 빈곤층이 됐다는 거예요. 1990년대에는 중산층이 70퍼센트가 넘었는데, 2015년 이후로는 60퍼센트 정도밖에 안 돼요."

'중산층의 몰락' 무슨 영화 제목 같이 들렸다. '몰락'이라는 말을 자주 듣지는 못했지만, '추락'이라는 말의 자꾸 아래로 떨어지는 느낌이 그대로 다가왔다.

"이런 현상을, 그러니까 중산층이 줄어서 가난한 사람들이 느는 것, 부자와 그렇지 않은 사람의 차이가 커지는 것을 양극화라고도 해요."

"양극화요?"

인경이 물었다.

"지구에 남극, 북극이 있지? 그렇게 양 끝으로 나뉘는 것처럼 사람들 생활 수준이 나뉘는 것을 말해요. 부유층과 빈곤층의 차이가 점점 커진다고 해서 빈부 격차가 심해진다고도 해요."

인경이 고개를 끄덕이자 선생님이 말을 이었다.

"사회가 양극화되는 현상을 요즘에는 '1대99'라는 말로 설명하기도 해

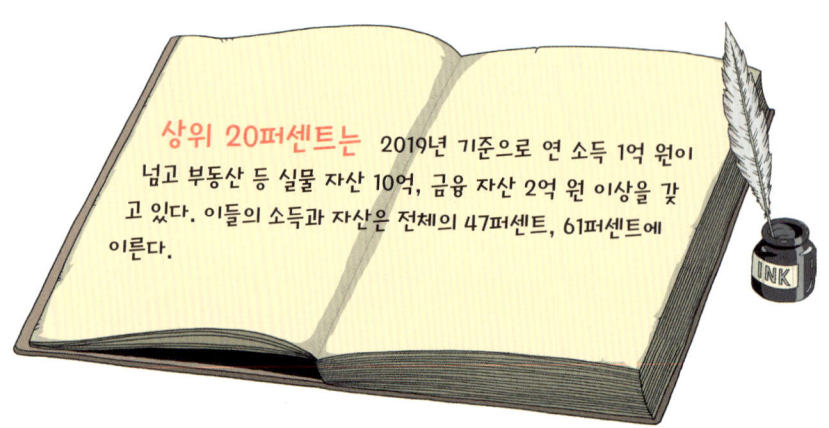

상위 20퍼센트는 2019년 기준으로 연 소득 1억 원이 넘고 부동산 등 실물 자산 10억, 금융 자산 2억 원 이상을 갖고 있다. 이들의 소득과 자산은 전체의 47퍼센트, 61퍼센트에 이른다.

요. 국민 중 1퍼센트만이 아주 잘살고, 나머지 99퍼센트는 어렵게 산다는 거죠. 그만큼 양극화가 심해졌다는 말이기는 한데, 99퍼센트 중 상위층에 있는 사람들이야 하위층과 비교할 게 아니죠. 그들은 10, 20퍼센트에 드는 부자니까.”

말을 멈추고 선생님이 아이들을 호기심 어린 눈으로 둘러보았다.

“여러분은 어디에 속할까?”

선생님의 질문에 아이들이 웅성거렸다.

“여러분은 지금 어린 학생이니까 그런 건 큰 의미가 없어요. 중요한 건 여러분의 미래가 어떻게 될까 하는 거예요.”

손을 흔들어 아이들을 진정시키며 선생님이 말했다.

“양극화의 문제는 소수의 부자는 계속 부자로, 아니 더 큰 부자가 되는데, 부자 아닌 대부분의 사람들은 재산이 조금밖에 안 늘거나 더 살기가 어려워진다는 거예요.”

'부자가 더 큰 부자가 된다?' 언뜻 이해가 되지 않았다.

"눈사람 만들 때를 생각해 봐요. 눈덩이를 굴리면 어떻게 되지?"

"눈이 커지죠."

건오가 대답했다.

"작은 눈덩이는 아무리 굴려도 잘 커지지가 않지?"

지원이 뭔가 깨달은 것처럼 큰 소리를 냈다.

"아, 커다란 눈덩이를 굴리면 더 많은 눈이 뭉쳐져요. 양극화가 그렇다는 거죠?"

"그래요. 어떤 곳의 아이들한테 장래 희망을 쓰라고 하니까 정규직이라고 쓴 아이들이 있대요. 그 친구의 부모님은 아마 비정규직이겠죠? 엄마 아빠를 보면서 얼마나 고생하는지를 알게 되니까, 정규직이 돼야 한다는 생각을 했을 거예요. 그런데 이 친구가 소원을 이룰 수 있을까?"

"공부 열심히 해서 좋은 대학에 가면 되지 않아요?"

대현이 말했다. 선생님이 고개를 끄덕였다.

"그럴 수도 있지. 하지만 양극화를 심각하게 보는 사람들은, 비정규직 부모를 둔 아이들은 비정규직이 될 가능성이 높다고 해요. 반면에 그건 정해진 게 아니고 자기가 노력하면 얼마든지 정규직이 될 수 있다고 하는 사람들도 있고요. 어떤 주장이 맞을까?"

아이들이 다시 웅성거리기 시작했다. 잔뜩 인상을 쓰고 다른 아이와 입씨름을 벌이는 아이도 있고, 혼자 심각한 얼굴을 하고 있는 아이도 있었다.

경제 성장인가, 사회 복지인가?

"다음 시간에 사회 양극화, 이 문제를 갖고 토론을 해 볼 거예요. 토론 팀을 뽑아서 토론 대회를 하는 거지."

토론이라는 말에 재호의 가슴이 두근거렸다.

"우리 사회의 양극화가 왜 일어나는지, 어떤 문제로 나타나는지 그리고 양극화를 해결하려면 어떻게 해야 하는지를 알아보는 토론을 하는 거예요. 여기에 대해서는 우리 사회에 논쟁이 있어요. 경제 성장을 더 해야 모두가 잘사는 사회가 될 수 있다는 주장이 있고, 경제 성장이 모든 사람에게 골고루 혜택을 주는 것이 아니어서 사회 양극화를 낳았다는 주장도 있어요. 그래서 사회 복지를 해야 한다고 주장하죠."

"사회 복지가 뭐예요?"

건오가 손을 들고 물었다.

"사회 복지는 국민들이 살아가는 데 필요한 기본적인 것들을 누리면서 생활할 수 있도록 나라에서 뒷받침하는 걸 말해요. 병원 가는 거나 학교 가는 거, 또…… 집이 있어야 살지? 에너지도. 이런 것들은 사회에서 살아가는 데 꼭 필요한 거고, 그래서 돈이 없어서 못 하는 일이 없도록 나라에서 지원하는 거지."

"그럼 돈 안 벌어도 되겠네요. 공부 안 해도 되고……."

대현의 말에 몇몇 아이들이 키득거렸다.

"후후. 그렇게 생각할 수도 있지. 그래서 경제 성장을 강조하는 사람들은 사회 복지 하는 걸 반대해요. 그런 건 필요한 사람들이 자기가 벌어서 자기 능력에 맞게 하는 거지, 나라에서 도와주면 안 된다고."

선생님이 잠시 말을 멈췄다.

"사회는 경쟁하게 되어 있고 거기서 성공한 사람이 더 좋은 집, 더 좋은 학교, 더 좋은 생활을 하는 게 당연하다는 거죠. 하지만 사회 복지를 강조하는 사람들은 살아가는 데 필요한 기본적인 것들은 경쟁에서 성공하는 거와 상관없이 누구나 누릴 수 있어야 한다고 해요."

조용히 미소를 지으며 선생님이 물었다.

"어떤 주장이 옳을까?"

아이들이 모두 조용했다.

"지금 대답할 필요는 없고, 생각을 해 보자는 거예요. 그래서 사회 양극화에 대해 토론을 하는 거예요. 알겠어요?"

아이들이 '네.' 하고 대답을 했지만, 막상 토론 팀을 뽑을 때는 나서는 아이들이 별로 없었다. 지원과 인경만이 손을 들었을 뿐이었다.

"조금 힘이 들고 어려울 수 있지만, 좋은 공부가 될 거예요. 자, 흔한 기회가 아니니 얼른 손들어 봐."

토론 대회에 나가 아이들 앞에서 멋있게 발표를 하고 싶은 욕심도 들었지만, 잘할 자신이 없었다. 거기다 양극화라니, 어떻게 생각하고 어떤 말을 해야 할지 막막하기만 했다. 망설이고 있는데 대현이 손을 들었다. 그것을 본 재호가 그제야 손을 번쩍 들었다. 선생님의 독려가 한 번 더 있은 후 예리와 건오의 이름이 칠판에 올랐다.

수업이 끝나고 선생님이 토론 팀 아이들을 불렀다.

"자, 토론 준비하는 과정이 쉽지 않을 거야. 어려운 용어도 많고, 잘 이해가 안 가는 내용도 많이 있을 거야. 그만큼 여러분이 열심히 준비해야 돼. 우리 사회에 여러 문제가 있고 또 여러 주장이 있겠지만, 중요한 건 우리 사회의 양극화, 그러니까 빈부 격차 문제를 정리하고, 그 원인과 올바른 해결 방향이 무엇인지 알아보는 거야. 토론하는 핵심 주제가 이

거니까 명심하도록 해."

"네."

모두 진지한 표정으로 대답했다. 누구랄 것 없이 모두 긴장한 얼굴들이었다.

"어떻게 팀을 나누나요?"

대현이 물었다.

"저는 사회 복지 팀을 하고 싶어요."

지원이 말했다. 선생님이 말없이 고개를 끄덕였다.

"관심 있는 주장을 선택해서 하는 것도 괜찮지. 그렇지만 토론 대회가 반드시 자기가 지지하는 주장으로 토론하는 건 아냐. 그래서 미리 어떤 생각을 옳다 그르다 정하면 안 돼. 토론을 통해 공부한다는 생각으로 해야 해."

"저는 경제 성장 팀으로 할래요. 재호 넌?"

대현이 재호를 바라보았다. 재호가 순간 움찔했지만 이내 고개를 끄덕였다.

"그래, 너흰 그게 좋겠다. 인경이, 대현이랑 한 팀 할 생각 없어?"

선생님이 말했다.

"어휴, 전혀요."

인경이 고개를 세게 가로저었다. 대현도 끔찍하다는 듯이 손사래를 쳤다. 모두 킥킥거리며 웃었다. 결국 지원과 인경, 건오가 사회 복지 팀을 하고 재호와 대현, 예리가 경제 성장 팀을 하기로 했다.

"내일 기본적인 자료를 몇 가지 줄 테니 그걸 잘 읽어 보도록 해. 그것만이 아니라 더 필요한 자료가 많을 거야. 스스로 더 찾아보고, 잘 모르겠으면 선생님한테 부탁하도록 해."

선생님이 두 팀의 아이들을 번갈아 보며 말했다. 선생님을 보는 아이들 눈이 진지했다.

"토론 준비하면서 팀별로 얘기를 많이 해야 돼. 자료 준비도 함께 하고, 토론 방향을 어떻게 할지를 서로 많이 얘기해야 해. 자기 팀 주장을 잘 이해하는 것도 중요하지만, 그걸 적절한 상황에서 정확하게 발표하는 것도 중요해."

축구 시합에 나서는 것처럼 투지를 보이는 대현과 달리 예리의 얼굴에는 긴장한 기색이 역력했다. 처음 나서는 토론 대회도 그렇지만, 양극화라는 주제 때문에 마음이 더 무거웠다. 경제 성장 팀 하는 게 잘한 걸까. 그렇다고 사회 복지 팀이 옳다는 생각이 있는 것도 아니었다. 아무리 공부라지만 그래도 토론 대회 아닌가. 양극화라는 게 머리 둘 달린 괴물처럼 느껴졌다.

2장
소득 양극화

사회 복지 팀

인경 　　　　　 건오 　　　　　 지원

우리나라는 경제 규모가 세계 10위권 안에 들지만, 사회 양극화가 심각해. 잘사는 사람들의 소득은 가난한 사람들의 여섯 배였는데, 그 차이가 10년 만에 아홉 배로 늘었어. 중산층은 줄고 저소득층은 늘어가고 있어. 양극화가 심해지면, 누구나 열심히 일하면 잘살 수 있을 거라는 기대를 안 하게 되고, 사회 발전이 어려워. 이것은 우리나라가 너무 경제 성장만을 앞세웠기 때문이야. 이제는 사회 복지를 해야 해.

경제 성장 팀

대현   재호   예리

우리나라가 지금처럼 선진국을 향해 나아갈 수 있는 건 꾸준히 경제 성장을 해 왔기 때문이야. IMF 때 힘들었던 것도 경제 성장을 못 했기 때문이야. 이를 잘 극복했지만 언제부터인가 경제 성장이 더뎌지면서 실업자가 늘어나고 국민들의 살림도 나아지지 않고 있어. 사회 양극화는 경제 성장이 안 돼서 그런 거야. 경제 성장이 계속 이뤄져야 나라 살림이 커지고 그래야 모든 국민들의 소득도 높아지고 생활도 나아지는 거야.

소득 양극화

원인을 알아야 올바른 해결 가능

"우리나라는 경제 규모가 세계 10위권에 속하는 나라입니다. 하지만 밖으로 보이는 발전과 달리 사회 양극화가 심각합니다. 2006년에 잘사는 상위층 20퍼센트의 소득은 하위층의 여섯 배였는데, 2016년에는 아홉 배가 넘습니다. 중산층은 줄고 저소득층은 늘어 가고 있습니다. 그만큼 양극화가 심해진 겁니다. 양극화가 심해지면 누구나 열심히 일하면 잘살 수 있을 거라는 기대를 못하게 되고, 사회가 발전하기 어렵게 됩니다. 이렇게 양극화가 심해진 것은 우리나라가 너무 경제 성장만을 앞세웠기 때문입니다. 이제는 경제 성장의 성과가 모두에게 골고루 나눠지도록 사회 복지를 해야 합니다."

토론회가 시작되면서 지원이 또랑또랑한 목소리로 사회 복지 팀 입장 발표를 했다. 지원이 발표를 하는 동안 같은 팀 건오가 그래프가 그려진 종이판을 들고 있었다.

"잘했어요. 사회 복지 팀 발표를 들었고, 이제는 경제 성장 팀의 발표를 듣겠어요."

선생님의 말에 따라 재호가 일어났다.

"우리나라느~응"

긴장을 많이 한 탓인지 발표 원고를 읽는 재호의 목이 이상한 소리를 냈다. 아이들이 까르르 웃었다. 맞은편에 앉은 사회 복지 팀 아이들도 고개를 젖히며 웃었다. 옆에 앉은 대현은 예리의 타박을 받고서야 겨우 웃음 참는 얼굴을 했다. '멋있게 하고 싶었는데…….' 재호의 얼굴이 벌겋게 달아올랐다. 선생님이 활짝 웃는 얼굴로 발표를 계속하라고 했다.

"음, 음. 우리나라는 IMF 경제 위기를 겪고 다시 선진국을 향해 가고 있습니다. 자원이 별로 없는 우리나라는 국민들이 함께 노력하여 세계가 놀랄 만한 경제 성장을 했습니다. 보릿고개라는 말이 나올 만큼 가난했던 시절에서 벗어날 수 있었던 건 경제 성장을 위해 모두가 노력했기 때문입니다. 그러나 경제 성장이 더뎌지면서 실업자가 늘어나고 못사는 사람들의 살림도 나아지지 않고 있습니다. 경제 성장이 계속 이뤄져야 나라 살림이 커지고 국민들의 생활도 나아집니다. 양극화는 경제 성장이 부족해서 그런 것입니다. 경제 성장이 되면 국민 모두가 노력한 만큼 잘 살 수 있게 됩니다."

발표를 마치고 자리에 앉은 재호가 낮게 한숨을 내쉬었다. 아이들이 박수를 쳤다. 같은 팀의 예리와 대현이 엄지손가락을 세워 보였다. 그래도 마음이 편하지는 않았다.

　"자, 이제부터는 상대편 주장에 대한 반대 토론을 들어 봐야겠죠?"

　선생님이 양 팀을 둘러보며 말했다.

　"경제 성장이 안 돼서 양극화가 심하다고 했는데 어떤 근거가 있어요?"

　사회 복지 팀의 건오가 먼저 말문을 열었다.

　"그건 이 표를 보면 알 수 있어요."

　재호가 종이판을 하나 꺼내 들었다.

　"나라에서 발표한 걸 보면 양극화를 알 수 있는 지니 계수가 올라가고 있어요."

　재호가 손가락으로 표를 가리켰다.

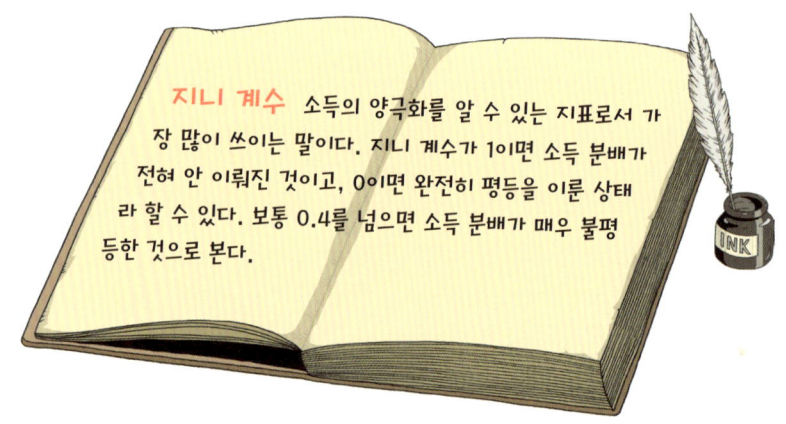

지니 계수 소득의 양극화를 알 수 있는 지표로서 가장 많이 쓰이는 말이다. 지니 계수가 1이면 소득 분배가 전혀 안 이뤄진 것이고, 0이면 완전히 평등을 이룬 상태라 할 수 있다. 보통 0.4를 넘으면 소득 분배가 매우 불평등한 것으로 본다.

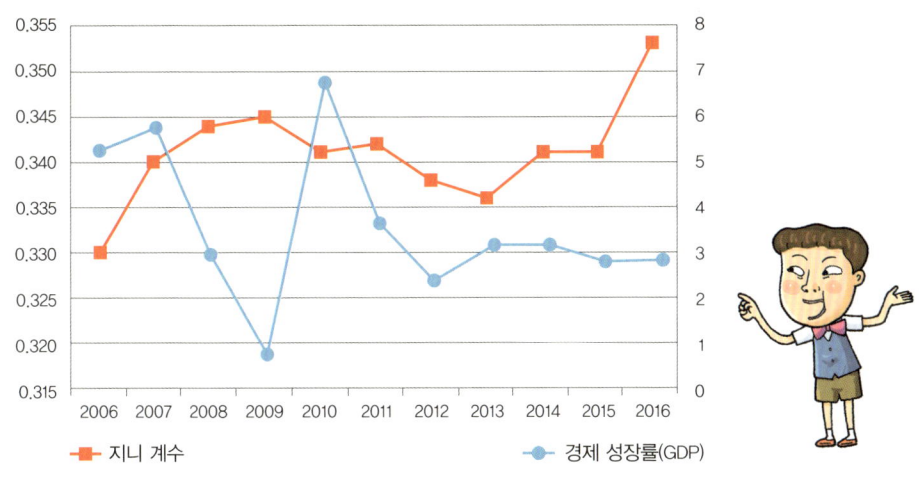

"2009년 경제 성장률이 뚝 떨어니까 지니 계수가 올라가고, 그 후 경제가 회복하니까 다시 내려가는 게 보이죠?"

"그렇지만, 그 후에도 계속 지니 계수가 올라가잖아요?"

건오가 표의 빨간 선을 가리키며 말했다.

"그 후에도 경제 성장이 제대로 안 돼서 그런 거죠."

재호가 당연하다는 얼굴을 했다.

"경제 성장률은 떨어지고 지니 계수는 올라가잖아요."

같은 팀의 대현이 말했다. 재호가 가만히 있으라는 손짓을 했다. 대현이 입을 삐죽거렸다.

"경제 성장이 안 됐기 때문에 양극화가 심해진 거고, 경제 성장이 되면 양극화 문제는 해결되는 거죠."

재호가 못을 박듯이 말했다. 예리와 대현이 고개를 짧고 강하게 끄덕였다. 으쓱해진 얼굴로 사회 복지 팀을 보았다. 모두 재호 손에 들린 종이판만 쳐다보고 있었다. 승리감에 기분이 좋아졌다.

"그 그래프대로라면…… 양극화가 심해져서 경제 성장이 안 된 걸로 볼 수도 있지 않아요?"

사회 복지 팀의 지원이 어렵게 입을 열었다.

"예? 그건 말이 안 되죠."

재호가 눈을 동그랗게 떴다. 같은 팀의 예리와 대현이 서로 얼굴을 쳐다보았다.

"왜요? 왜 말이 안 돼요?"

지원이 따지듯이 물었다.

"경제 성장이 안 돼서 양극화가 심해진 건데, 그걸 어떻게…… 거꾸로 말해요."

"그게 뭐가 거꾸로입니까?"

사회 복지 팀의 건오가 정색을 하며 말했다.

"거꾸로 말하니까 그렇죠."

건오를 향해 경제 성장 팀의 대현이 말했다.

"자기주장만 맞고 다른 사람 말은 틀렸다고 하는 건 억지예요."

지원이 말했다.

"뭐가 억지입니까?"

재호의 목소리가 올라갔다.

"잠깐, 말싸움 나게 생겼네요."

선생님이 말했다.

"그 그래프는 그렇게 볼 수도 있어요. 양극화가 심해져서 경제 성장이 안 되는 거라고."

놀란 표정의 경제 성장 팀과 달리 맞은편 사회 복지 팀의 얼굴이 밝아졌다. 양 팀의 대조되는 반응을 보며 선생님이 미소를 지었다. 선생님이 재호에게서 그래프를 건네받았다.

"모두 여기를 봐요. 파란 선으로 표시된 경제 성장률은 내려가고 양극화를 보여주는 지니 계수의 빨간 선은 올라가고 있죠? 경제 성장률이 떨어지는 것과 양극화가 심해진 게 같은 시기에 일어나고 있는 걸 알 수 있어요. 이해하겠어요?"

아이들 대답이 크지 않았다.

"경제 성장률이 떨어지는 것과 양극화가 심해지는 현상에는 연관이 있다고 할 수 있어요. 그런데 그게 반드시 인과 관계에 있다고 할 수는 없어요."

"연관은 있지만 원인과 결과 관계는 아니란 게…… 잘 이해가 안 가요."

경제 성장 팀의 예리가 고개를 갸웃거렸다.

"어, 이 그래프는 경제 성장률이 떨어지는 현상과 양극화가 심해지는 현상이 같은 시기에 일어나고 있다는 걸 보여 줄 뿐이에요. 하지만 그중 어떤 게 원인이고 어떤 게 결과인지는 단정할 수 없어요."

재호의 머릿속에 바람이 불었다. 그 바람 속에 '연관성', '인과 관계'라는 글자들이 제멋대로 날아다녔다.

"연관성이 있으니 인과 관계를 추측할 수도 있지만, 두 팀 모두 이 그래프만 갖고 그렇게 단정하는 건 무리예요. 정말 그런지, 원인이 그 한 가지인지는 더 알아봐야 해요."

재호의 얼굴이 어두워졌다. 대현도 예리도 낙담한 표정이었다. 토론이 잘 풀린다 싶었는데, 입에 쓴 약을 넣은 것 같은 기분이 들었다. 사회 복지 팀 아이들이 자기들끼리 무언가 얘기를 주고받고 있었다. 그러나 상대 팀의 낭패를 즐기는 분위기는 아니었다.

경제 성장이 되면 양극화는 줄어들까?

"그럼 사회 복지 팀은 경제 성장과 양극화가 심해진 거는 아무 상관이 없다는 건가요?"

경제 성장 팀의 재호가 시무룩한 얼굴로 말했다.

"경제 성장이 잘 안 될 때 양극화가 심해지니까 상관이 있죠. 그런데 경제 위기때 양극화가 가장 심해진 것처럼, 경제가 어려워지면 모두 똑같이 힘든 게 아니라 부자들보다 가난한 사람들이 더 어려워집니다."

사회 복지 팀의 지원이 말했다.

"그거야 경제 성장이 안 되면 가난한 사람들이 돈 버는 게 더 힘들어져서 그런 거죠. 경제 성장을 해야 소득을 올릴 수 있는 기회가 생기죠."

재호가 말을 마치자 곧바로 같은 팀의 예리가 말했다.

"사회 복지 팀은 경제 성장만을 하려고 해서 양극화가 심해졌다고 했는데, 그럼 경제 성장을 하지 말아야 한다는 거예요?"

"그건 아닙니다. 경제 성장만이 아니라 사회 복지에도 노력을 해야 한다는 겁니다."

지원이 대답했다.

"경제 성장을 하려면 많은 돈을 투자해야 하는데 사회 복지에 쓰면 돈이 없잖아요."

"경제 성장은 필요하지만, 경제 성장이 곧바로 양극화를 해결하는 건 아닙니다."

"경제 성장을 해야 나라의 부가 늘어나고, 그래야 나눌 수 있는 게 많아져……."

예리의 말을 끊고 지원이 말했다.

"경제 성장이라는 빵의 크기를 키워야 나눌 수 있는 몫이 커진다는 거죠?"

"뭐, 파이나 빵이나……."

예리가 시큰둥한 표정으로 대답했다.

"그건 이제까지 경제 성장을 강조하면서 늘 하던 말이에요."

"틀린 말이 아니잖아요? 지금까지 경제 성장을 했기 때문에 가난한 사람들도 줄고 국민 모두가 예전보다 잘살게 됐으니까요."

"모두가 잘살게 된 건 아니죠."

사회 복지 팀 지원이 눈을 동그랗게 뜨며 말했다.

"사람마다 차이가 있지만, 가난한 사람들 사는 게 경제 성장이 안 되던 때보다 훨씬 더 나아졌어요. 안 그래요?"

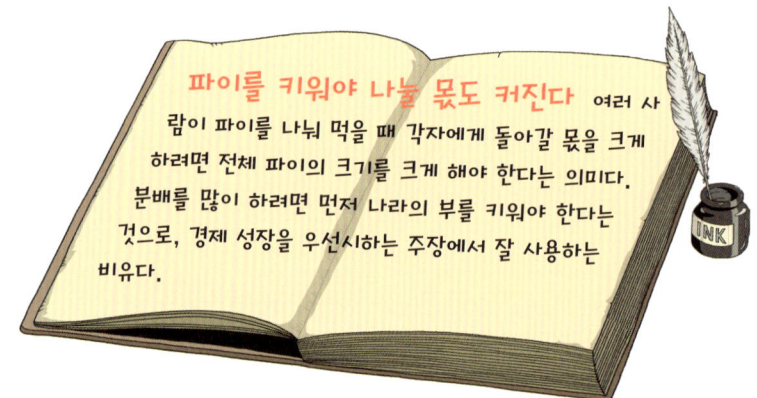

파이를 키워야 나눌 몫도 커진다 여러 사람이 파이를 나눠 먹을 때 각자에게 돌아갈 몫을 크게 하려면 전체 파이의 크기를 크게 해야 한다는 의미다. 분배를 많이 하려면 먼저 나라의 부를 키워야 한다는 것으로, 경제 성장을 우선시하는 주장에서 잘 사용하는 비유다.

"지금 문제는 가난한 사람들이 있냐 없냐가 아니잖아요? 빈부 격차가 커지는 문제를 말하는 거예요."

"그 차이를 줄이려면 경제 성장이 더 돼야 한다는 거예요. 아까 그래프에서 본 것처럼, 경제 성장이 잘될 때 양극화가 약해진 걸 보면 알 수 있죠. 그게 원인은 아니라고 해도 우연히 그렇게 된 거는 아니잖아요?"

경제 성장 팀 예리가 차분한 어조로 말했다.

"우연히는 아니겠지만, 경제 성장이 된다 해도 양극화가 우연히 해결되는 건 아니죠. 경제 성장으로 빵 크기를 크게 해도 부자들이 더 많이

가져가면 양극화는 줄지 않아요."

"경제 성장을 해야 가난한 사람들에게 돌아갈 몫도 커지죠."

"예전에도 경제 성장이 중요하다고 했어요. 선진국 돼야 한다고. 지금 국민 소득이 2만 달러가 넘었는데 언제까지 경제 성장만 얘기해요?"

"여기 전경련_{대기업 중심으로 구성된 종합적 경제 단체}에서 연구한 걸 보면 우리나라는 경제 성장이 10퍼센트 이상 되어야 5년 안에 양극화가 해결될 수 있대요. 안 그러면 20년이 더 걸리고요."

"전경련이요? 그건 기업 입장에서 본 거죠."

"경제 성장을 해야 일자리가 생겨 실업자도 줄고 소득도 늘어날 수 있고, 그래야 양극화도 해결할 수 있죠. 그래서 사회 복지 팀도 경제 성장이 필요하다고 한 거 아니에요?"

"경제 성장만으로 양극화가 해결될 수 없다는 거죠."

지원이 빠르게 말했다.

사회 복지를 하면 '복지병'이 생길까?

"경제 성장 팀에서도 사회 복지 팀의 주장을 반박해야지. 복지 주장에 대해……."

선생님이 말했다. 재호와 예리가 대현을 쳐다보자 대현이 목을 가다듬고 말했다.

"음. 사회 복지 팀은 복지를 해야 한다고 하는데, 그건 복지병 때문에 나라 발전이 안 되는 것을 생각 못 하는 겁니다."

"복지병이요?"

사회 복지 팀의 인경이 고개를 번쩍 들었다.

"네. 영국도 그렇고 유럽의 많은 나라가 복지병을 앓고 있습니다. 일 안 해도 실업 수당 <small>일자리를 구하지 못한 실업자에게 주는 돈</small> 주는데 누가 일하려고 합니까?"

"실업자가 취직될 때까지만 주는 거고, 그래 봐야 일해서 받는 월급보다 적은데 그것 때문에 일을 안 하지는 않아요."

"실업 수당 받아도 먹고 살 수 있으니까 안 하는 거죠."

"그런 사람이 있을 수 있지만, 모든 실업자가 다 그런 거는 아닙니다. 취업을 하고 싶어도 못 해서 문제지."

"거기다가 학교도 병원도 나라에서 다 보내 주는데 누가 열심히 일하겠어요?"

교실의 아이들 사이에서 웅성거리는 소리가 났다. 고개를 끄덕이는 아이들도 있었다. 아이들 반응에 대현이 뿌듯해하는 표정을 지었다.

"그건 너무 과장하는 거예요."

인경의 목소리에 떨림이 있었다.

"과장이 아니라, 우리나라에서도 실업자 아닌데 실업 수당 타고, 못 사는 사람이 아닌데도 나라에서 주는 돈을 받는 사람이 있어요."

"일부 사람이 그럴 수 있죠. 그런 문제는 자격 없는 사람이 혜택을 받지 못하도록 관리를 잘하면 됩니다. 일부 그런 일이 있다고 복지를 반대

하는 건 옳지 않습니다."

"생각해 봐요. 나라에서 돈 쓸 일 없게 하는데 누가 일을 하겠느냐고요."

"그럼, 유럽에서 복지 정책 하는 나라 사람들은 다 일 안 해요?"

"그런 사람이 꽤 있으니까 복지병 얘기가 나오는 거죠. 2012년에 일어난 유럽 재정 위기도 복지 지출을 너무 많이 해서 그런 거잖아요."

경제 성장 팀 대현이 짐짓 심각한 표정을 지었다.

"그런 주장이 있을 뿐이지 사실이라고 할 수는 없어요."

"사회 복지로 돈을 많이 써서 나라의 빚이 늘어난 건 사실이죠. 그리스나 스페인 같은 나라들이 우리나라 IMF 위기 때처럼 돈 지원받고 나라에서 돈 쓰는 걸 줄이고 있어요."

"나라 빚이 늘어난 건 맞지만 그게 복지 때문이라고 할 수는 없어요. 그리스도 그렇고 스페인도, 아일랜드도 2012년에 위기를 겪은 나라들은 복지를 많이 하는 나라가 아니에요. 복지 때문에 재정 위기가 왔다면 스웨덴 같은 데가 먼저 와야죠."

"단순히 복지를 많이 해서가 아니라 경제 상황에 맞지 않게 많이 하면 그렇게 될 수 있는 겁니다."

"유럽의 재정 위기는 선진국 중에서 복지가 가장 낮은 편인 미국 때문에 생긴 거지 복지를 많이 해서 그렇다고 할 수 없어요."

사회 복지 팀의 인경이 책상 위의 종이를 보며 말했다.

"그것도 일부의 주장이네요, 뭐."

대현의 얼굴이 웃는 듯 마는 듯했다. 인경의 입술이 실룩거렸다.

"또 사회 복지를 많이 하면 경제 성장이 어려워져요. 세금이 다 그쪽으로 쓰이게 되니까……."

"복지를 한다고 경제 성장이 안 되는 건 아닙니다."

인경의 목소리에 힘이 들어갔다. 대현도 뒤질세라 목청을 높였다.

"복지를 하려면 세금을 많이 거둬야 합니다. 기업들은 많은 세금 때문에 투자하기 힘들고, 일하는 사람들도 세금을 많이 내야 하기 때문에 일할 의욕이 떨어지게 됩니다."

"사회 복지를 많이 하는 나라와 그렇지 않은 나라의 경제 성장을 비교해 보면 큰 차이가 없어요."

경제 성장 팀 대현의 눈이 커졌다.

"2006년부터 2015년까지 경제 성장률 평균을 보면 미국은 1.6인데 독일과 노르웨이는 그보다 낮지만 스웨덴은 1.9로 더 높아요. 그 후 2018년까지 스웨덴과 핀란드가 미국보다 높게 나오고요."

수치가 많은 글 보는 걸 싫어하는 대현의 귀에 인경의 말이 제대로 들릴지 걱정이 됐다. 사회 복지 팀은 저런 표를 어디서 구했는지 궁금했다. 선생님에게서 받은 자료에도 많은 표가 있었는데 거기에도 저런 내용이 있지 않았나 하는 생각이 들었다.

재호와 같은 생각을 하고 있었는지 예리가 종이 더미를 부산스럽게 뒤적이더니 종이 한 장을 꺼냈다. 예리가 찾은 표에는 '경제 성장률 비교'라는 제목으로 한국이 포함된 몇몇 나라들의 경제 성장률 수치가 연도별로 기록되어 있었다. 저걸 다 계산해서 나라별로 평균을 냈다는 게 신기

했다. 재호의 입에서 자신도 모르게 한숨이 나왔다.

"그러니까…… 사회 복지를 한다고 경제 성장이 안 된다는 건 사실이 아닙니다."

대현이 눈을 껌벅거리며 인경의 말을 듣기만 했다.

능력 있는 사람이 더 많이 벌면 안 되나

"사회 복지 팀이 자료 조사를 잘했네요. 어, 좀 더 근본적인 토론이 되어야 할 것 같은데……."

선생님이 말했다.

"근본적인 토론요?"

경제 성장 팀의 예리가 우물거리듯 말했다.

"두 팀 모두 양극화가 심해지고 있다는 건 인정하고 있어요. 사회 복지 팀도 경제 성장 자체를 반대하는 건 아니고요. 그렇지만 경제 성장으로 양극화가 해결되지 않는다는 건, 경제 성장의 결과가 골고루 분배되지 않기 때문이라는 거죠?"

선생님 말에 사회 복지 팀 아이들이 고개를 끄덕였다.

"가난한 사람들이 조금밖에 못 갖고 부자들이 더 많이 가져가기 때문이란 게 사회 복지 팀의 주장이에요. 경제 성장 팀에서는 그런 생각이 맞는지를 토론해야지 않을까요?"

무슨 말인지 알 것 같았지만, 무엇을 말해야 할지 떠오르는 게 없었다. 선생님이 턱을 괴며 말했다.

"어, 부자들이 더 많이 가져가서 양극화가 일어난다고 했는데, 그럼 부자들은 돈을 많이 벌면 안 되는 걸까? 부자에게 세금을 더 내라는 건 부자들이 번 돈을 내놓으라는 건데……."

순간 뒤통수를 맞은 것처럼 눈앞에서 뭔가 번쩍이는 느낌이 들었다. 양극화가 심해진 건 맞지만, 그렇다고 잘사는 사람과 못사는 사람의 차이를 없애는 게 해결이 아닐 거라는 생각이 들었다.

"아, 알았어요."

재호가 일어설 듯한 자세로 말했다. 사회 복지 팀 아이들이 미심쩍은 얼굴로 재호를 쳐다보았다.

"사회 복지 팀은 경제 성장을 하면 모든 사람이 똑같이 성과를 나눠 가져야 한다는 건가요? 그래야 공평하다는 거예요?"

선생님이 알 듯 모를 듯한 미소를 지으며 재호를 보다가 사회 복지 팀으로 눈을 돌렸다. 사회 복지 팀 아이들이 심각한 얼굴로 소곤거렸다. 잠시 뒤 지원이 입을 열었다.

"똑같이 받아야 하는 건 아닙니다. 잘사는 사람이 더 많이 가져가서 양극화가 심해졌다는 겁니다."

"똑같이 받아야 하는 게 아니면, 열심히 일한 만큼 받는 거죠?"

재호가 다시 물었다.

"그거야…… 당연한 거 아닌가요?"

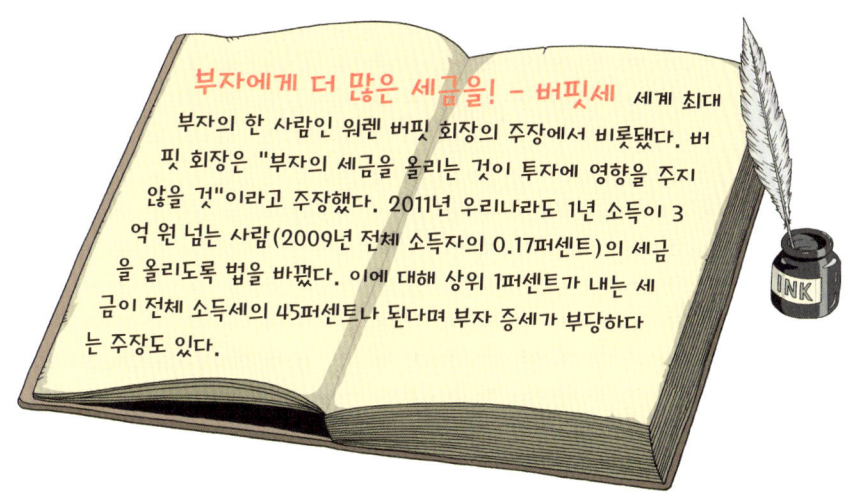

부자에게 더 많은 세금을! - 버핏세 세계 최대 부자의 한 사람인 워렌 버핏 회장의 주장에서 비롯됐다. 버핏 회장은 "부자의 세금을 올리는 것이 투자에 영향을 주지 않을 것"이라고 주장했다. 2011년 우리나라도 1년 소득이 3억 원 넘는 사람(2009년 전체 소득자의 0.17퍼센트)의 세금을 올리도록 법을 바꿨다. 이에 대해 상위 1퍼센트가 내는 세금이 전체 소득세의 45퍼센트나 된다며 부자 증세가 부당하다는 주장도 있다.

지원이 퉁명스럽게 대답했다.

"일한 만큼 몫을 가져가는 거라면, 부자들이 더 많이 가져가는 건 더 많이 노력했기 때문이잖아요. 사회 복지를 하기 위해 부자들에게 세금을 더 많이 내라는 건 경쟁해서 능력에 따라 번 걸 인정하지 않는 거 아닌가요?"

"세금을, 많이 번 사람이 더 많이 내는 건 당연한 거 아니에요?"

"더 많이 내도 그걸 사회 복지에 쓰면 부자들 몫을 그렇지 않은 사람들에게 나눠 주는 거랑 마찬가지잖아요?"

"부자들도 혜택을 보게 하면 되는데, 뭐가 문제예요?"

"그건 혜택이 아니죠. 자기가 낸 세금인데……."

경제 성장 팀의 재호가 고개를 갸웃거리며 말했다.

"세금이 그런 거죠. 자기만 혜택 보려고 내는 세금이 어디 있어요? 양극화가 심해지는 건 부자들에게 가는 몫이 너무 크기 때문이고, 그걸 세금으로 걷어 복지에 써야 양극화 문제가 줄어드는 겁니다."

"아까 더 많이 노력하면 더 많이 버는 게 당연하다고 했잖아요? 그럼 부자들에게 돌아가는 몫이 크다고 뭐라 하면 안 되죠."

사회 복지 팀 지원이 뭔가 말할 듯 입술을 오물거렸지만 그뿐이었다. 같은 팀의 인경이 나섰다.

"그럼 가난한 사람들은 노력 안 하고 능력 없어서 그렇다는 거예요?"

"노력을 안 하지는 않겠지만…… 다른 사람들이 더 노력하고 뛰어나니까……."

재호가 우물쭈물했다.

"가난한 사람들이 일은 더 많이 해요. 우리나라 사람들 일하는 시간이 세계에서 가장 많아요. 이게 잘사는 사람들만 더 많이 일해서 그런 거겠어요?"

인경이 표를 들어 보이며 말했다.

"일을 많이 한다고 되는 건 아닙니다. 공부 많이 한다고 다 잘하는 건 아니잖아요? 일하는 능력이 좋으면 똑같이 일해도 결과가 더 좋을 수 있죠."

경제 성장 팀 대현의 말에 재호가 고개를 끄덕였다.

"그건 가난한 사람들이 열심히 일 안 하고 능력이 부족해서 그렇다는 거네요."

사회 복지 팀 건오의 말투가 차가웠다.

"말을 왜 자꾸 그렇게 해요? 사람마다 노력하는 것도 다르고 능력도

다른데 모두 똑같이 벌 수는 없는 거고, 더 많이 노력하고 더 능력 있는 사람이 성공하는 게 당연하죠."

이마를 찡그리며 재호가 말했다.

"그 말이 그거 아녜요? 빈부 격차 나는 건 노력 많이 안 하고 능력도 부족해서 그렇다……."

사회 복지 팀의 인경이 발끈한 표정으로 말했다. 선생님이 손을 저었다.

실업자와 비정규직은 능력이 부족한 사람들일까?

"자, 자. 토론이 말꼬리 잡기로 빠지겠어요. 그러지 말고 더 구체적으로 얘기하는 게 좋겠는데……. 실업자나 비…….”

선생님의 말이 끝나기 전에 인경이 빠르게 말했다. 말을 뺏긴 선생님이 헛기침을 했다.

"그러니까 경제 성장 팀은 실업자들 취직 안 되는 게 노력 안 하고 능력 모자라서 그렇다는 거네요."

"기업에서 사람 뽑을 때 가장 성적 좋은 사람 먼저 뽑잖아요? 아무래도 다른 사람보다 그런 게 부족하니까…… 금방 취직이 안 되는 거죠."

경제 성장 팀 대현의 말에 예리가 덧붙이듯 말했다.

"경쟁 사회잖아요. 남들보다 더 노력하고 능력을 키워야 더 좋은 직장을 구할 수 있죠."

예리를 보며 대현이 흡족한 표정을 지었다.

"비정규직이나 정리 해고된 사람들도 그렇다는 거예요?"

사회 복지 팀 건오가 다시 물었다.

"경쟁에 밀리니까…… 그래서 그런 거죠. 남보다 능력 있고 더 열심히 일하면 기업에서 그런 사람을 쫓아내겠어요?"

대현이 되물었다.

"능력 있고, 필요하니까 기업에서 뽑아서 일 시켰던 거죠. 사람들마다 능력이나 일하는 거 차이 있어도, 경영이 어렵다고 해고하는 걸 원칙으

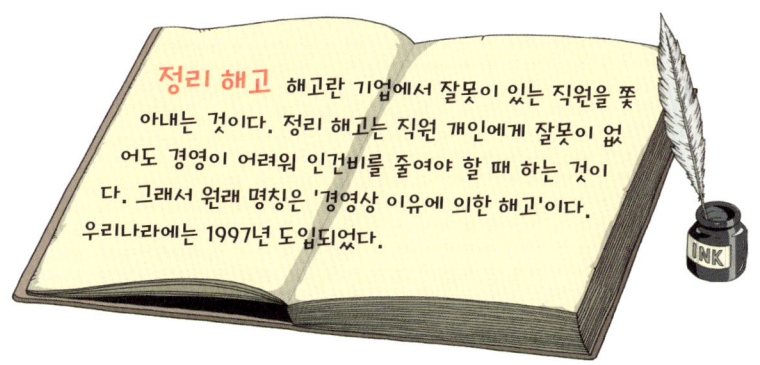

정리 해고 해고란 기업에서 잘못이 있는 직원을 쫓아내는 것이다. 정리 해고는 직원 개인에게 잘못이 없어도 경영이 어려워 인건비를 줄여야 할 때 하는 것이다. 그래서 원래 명칭은 '경영상 이유에 의한 해고'이다. 우리나라에는 1997년 도입되었다.

로 정해 놓으면 누구나 해고될 수 있는 겁니다."

건오의 목소리가 올라갔다.

"경영이 어려운데 어떡해요? 회사를 살려야 일자리가 있는 거죠."

대현이 물러서지 않았다.

"어렵다고 정리 해고 하면 쫓겨난 사람은 어떻게 살아요? 그것 때문에 사람들 자살하고 그러잖아요?"

"회사가 다시 살아나면 그때 내보냈던 사람들 다시 불러오면 되죠. 그렇게 한 회사도 있어요."

"잠깐, 지금 토론이 정리 해고가 옳은가 그른가로 빠지고 있어요."

다시 선생님이 나섰다.

"정리 해고를 하더라도, 그게 사람들이 능력이 없거나 게을러서 해고된 것처럼 말하면 안 됩니다."

"그런 게 아니라, 경쟁에서 밀린 걸 말하는 겁니다."

말을 마친 대현과 건오의 시선이 마주쳤다. 눈싸움이라도 할 것 같았으나 이내 시선을 돌렸다.

"그럼, 비정규직은요? 비정규직은 정규직하고 똑같이 일하면서도 월급은 훨씬 적게 받는데, 그게 말이 돼요?"

사회 복지 팀 인경이 말했다.

"다 정규직이 되면 좋지만 그렇게 안 되는 거고, 정규직 되는 경쟁에서 이겼어야죠."

"회사가 정규직, 비정규직으로 갈라놓아서 그런 거지 능력 차이가 아니잖아요?"

"정규직 필요한 일이 있고, 비정규직 필요한 일이 있는 거죠. 자기가 원해서 비정규직 하는 사람도 있고……."

경제 성장 팀 재호가 말했다.

"비정규직이 하는 일도 전에는 정규직 일이었어요. 원래 따로 있는 게

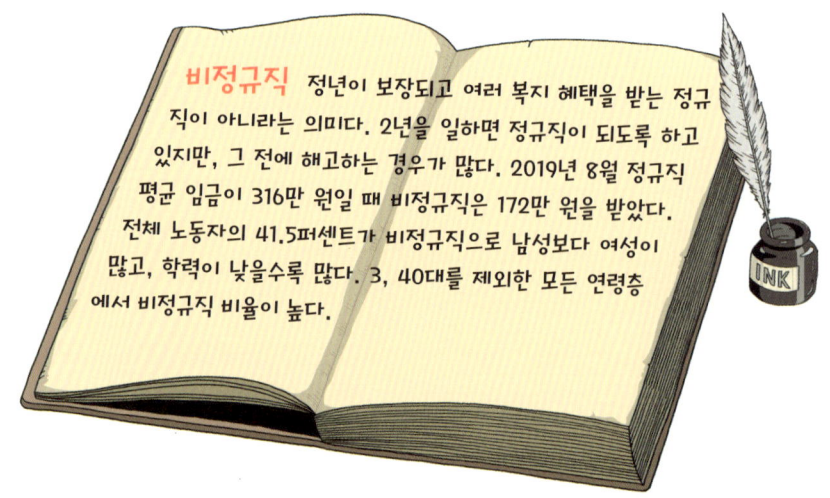

비정규직 정년이 보장되고 여러 복지 혜택을 받는 정규직이 아니라는 의미다. 2년을 일하면 정규직이 되도록 하고 있지만, 그 전에 해고하는 경우가 많다. 2019년 8월 정규직 평균 임금이 316만 원일 때 비정규직은 172만 원을 받았다. 전체 노동자의 41.5퍼센트가 비정규직으로 남성보다 여성이 많고, 학력이 낮을수록 많다. 3, 40대를 제외한 모든 연령층에서 비정규직 비율이 높다.

아니에요. 우리나라가 비정규직 문제로 고생하는 건 대부분 정규직을 쓰던 자리를 비정규직으로 바꾸고, 사람들을 비정규직으로만 뽑아서 그런 겁니다."

인경이 말했다.

"기업에서 비정규직을 두는 건 경영을 잘하기 위해서예요. 경기가 좋을 때는 많은 사람을 쓰다가 안 좋아질 때는 사람들을 줄여야 하니까요. 그렇게 해야 더 많은 사람들에게 일자리를 줄 수도 있고요."

"그러니까 정규직, 비정규직은 기업 이익 때문에 나눈 거잖아요. 사람들의 능력이 있고 없고 문제가 아니죠."

인경이 고개를 흔들었다.

"그런 사회 조건에서 정규직이 되고 싶으면 남보다 더 노력하고, 능력

을 더 키워야죠. 그렇게 해서 성공한 사람이 더 많이 버는 거고, 그걸 잘못됐다고 할 수 없습니다."

재호가 목소리에 힘을 주며 말했다.

부자와 가난한 사람의 경쟁은 공정한가?

"그러면, 사회 복지 팀은 경쟁을 하면 안 된다는 거예요?"

조용히 있던 경제 성장 팀 예리가 입을 열었다.

"너무 경쟁만 강조해서 양극화가 생기는 거잖아요. 그러니까 경쟁만 내세우면 양극화를 줄일 수 없어요."

사회 복지 팀 건오가 말했다.

"그렇지만 이름난 대학 가는 것도, 큰 회사 취직하는 것도 경쟁 안 하고 할 수 있어요? 누구나 그런 데를 들어가려 하니까 경쟁이 있는 거죠."

"이름난 대학이나 큰 회사에 정규직으로 못 들어간 사람들도 능력이 없는 게 아니라 우리 사회에서 다 필요한 사람들이잖아요."

"그걸 부정하는 게 아닙니다. 경쟁에 따라 차이가 나는 걸 받아들여야 한다는 거예요."

"그렇게 되면 양극화는 해결이 안 돼요."

건오가 단호하게 말했다.

"어째서요? 꼴등도 노력하면 언제든지 1등 할 수 있고, 그렇게 서로 1

등 하려고 경쟁해야 사회가 발전할 수 있어요."

"그렇지만 양극화가 심해진다는 건 꼴등이 1등으로 올라갈 수 없고 계속 꼴찌에 머물게 된다는 거잖아요?"

"가난한 집에서 태어나서 혼자 노력해서 성공한 사람도 많아요. 그렇게 재벌 된 사람도 있고요. 누구에게나 기회가 있는 겁니다."

어느 때보다 예리의 표정이 진지했다.

"그건 아주 특별한 경우죠. 재벌 아들은 젊은 나이에도 큰 회사 사장을 하지만 그렇지 않은 집 아들은 그런 기회가 없어요."

사회 복지 팀 인경이 말했다.

"부자들한테만 돈 벌 기회를 주는 게 아니고 누구나 똑같이 기회를 주는데, 유리하고 불리하고가 어디 있어요?"

"기회는 공평하게 줘도 결과는 다르게 나타날 수밖에 없어요."

건오의 말에 예리가 눈을 크게 떴다.

"예? 기회를 똑같이 주면 그걸 활용하는 건 개인이 알아서 하는 거죠. 어떻게 결과까지 똑같게 해요?"

"맞아요. 기회를 줘도 사람마다 능력도 다르고 노력도 다르기 때문에 결과가 다르게 나타나는 건 당연합니다."

"부자든 가난하든 누구에게나 대학 갈 수 있는 기회를 주지만, 그중에서 합격할 만큼 열심히 공부한 사람만 가는 거랑 같은 거죠."

예리에 이어 같은 경제 성장 팀의 재호와 대현이 일제히 반박 발언을 하자 건오는 물론 사회 복지 팀 아이들이 당황한 얼굴을 했다.

"제 말은 결과를 똑같이 맞춰야 한다는, 그러니까 결과의 평등을 말하는 게 아닙니다."

건오의 해명에 같은 팀 지원이 지원을 하고 나섰다.

"그래요. 양극화가 심한 상태에서의 경쟁은 결과가 정해져 있는, 부자한테만 유리한 결과가 된다는 겁니다."

"그건 개인이 하기 나름이죠. 자기에게 주어진 기회를 열심히 노력해서 잘 살려야 좋은 결과가 나오는 거죠. 부자라고 어떻게 항상 유리해요.

이런 경쟁은 결과가 정해져 있는 셈이죠.

부자들도 잘못하면 재산 잃고, 노숙자가 되기도 하는데…….”

예리가 지원을 날카롭게 보았다.

“그런 경우도 있지만 부자들 대부분은 그렇지 않죠. 일반적인 현상을 봐야지 자꾸 예외적인 걸 얘기하면 뭐 해요?”

지원의 말에 짜증이 섞여 있는 것처럼 들렸다. 예리가 입술에 힘을 주었지만, 목소리는 차분했다.

“경쟁을 해서 부자들이 더 좋은 결과를 얻었다고 해도 공정하게 경쟁했다면 그걸 잘못됐다고 해서는 안 됩니다.”

“그건 공정한 경쟁이라고 할 수 없어요.”

“똑같이 경쟁을 했는데 부자가 더 많은 돈을 벌었다고 그게 공정한 경쟁이 아니라고요? 에이, 그건 말이 안 돼요.”

예리가 손사래를 쳤다.

“공정한 경쟁을 한다는 건 경쟁 규칙을 지키는 것만이 아니라 경쟁의 출발도 포함해서 생각해야 해요.”

“경쟁의 출발? 달리기 하는데 부자들이 먼저 뛰기라도 했다는 거예요?”

“그런 거랑 비슷하죠. 어른과 아이가 맞서서 운동 경기를 하는 것처럼 결과가 정해져 있는데 그걸 공정한 경쟁이라고 할 수 없어요.”

“부자들이 그렇지 못한 사람들보다 좋은 조건에서 경쟁을 할 수 있지만, 그렇다고 결과가 정해져 있다고 할 수는 없어요. 경쟁에서는 좋은 조건만이 아니라 그 이상의 노력과 능력이 필요한 거예요.”

“맞아요. 그런 경쟁에서 남들보다 좋은 조건을 갖고 있으니 유리한 거죠."

지원이 빠르게 말했다. 예리가 잠시 생각을 하는 듯 천장을 올려 보았다.

"자유 사회에서는 사람들이 자신의 능력을 다해 자신이 원하는 것을 얻을 수 있는 거 아니에요?"

"그렇……죠."

사회 복지 팀 지원이 대답을 망설였다.

"사회 복지 한다고 부자들에게 세금을 더 내라는 거나, 경쟁을 못하게 하는 건 그 사람들의 자유를 침해하는 거죠."

"많이 번 사람한테 세금 더 내라는 게 무슨 자유 침해……."

"부자들이 노력해서 번 재산을 마음대로 사용할 수 없게 하는 건데 침

해죠."

예리의 말에 사회 복지 팀 아이들이 서로 상의를 했다. 잠시 후 인경이 입을 열었다.

"양극화는 그런 부자들의 자유가 너무 커서 생긴 문제라고 할 수 있어요. 경제 성장이나 자유 경쟁만 주장하면 양극화는 해결될 수 없는 거예요."

"너무 커요? 자유는 누구에게나 똑같이 보장되는 건데……."

경제 성장 팀 대현이 기가 차다는 얼굴을 했다.

"자유는 누구한테나 있는 거지만, 사회 전체를 위해서 줄일 수도 있는 겁니다. 몇몇 사람들만이 잘사는 나라가 아니라 국민 모두가 잘살 수 있는 사회를 만들기 위해서는 그렇게 해야 합니다."

"사회 전체를 위한다고 개인의 자유를 줄여야 한다는 건 잘못된 생각입니다."

대현의 눈이 커졌다.

"개인의 자유만 내세우고, 서로 협력해서 함께 잘살 수 있는 길을 찾지 않는 것도 잘못된 생각입니다."

사회 복지 팀 건오가 말했다.

"더 많은 성과를 얻기 위해 서로 경쟁하는 속에서 경제 성장도 되고 사회가 발전합니다. 그래야 지금 부자가 아닌 사람들도 노력에 따라 부자 될 수 있는 기회가 생기는 거고요."

경제 성장 팀 재호가 말했다.

"누구나 잘살고 싶어 하지만, 그게 남보다 더 많이 가져야 하는 것도 아니고, 꼭 남을 이겨야 되는 것도 아닙니다. 사회에서 살아가는 데 꼭 필요한 것을 얻는 것조차 경쟁하게 하면 양극화는 해결되지 않습니다."

사회 복지 팀 지원이 입술이 마른 듯 아랫입술을 빨았다.

개인과 공동체, 무엇이 더 중요한가?

교실 안이 조용했다. 마주 앉은 양 팀 아이들이 서로 시선을 다른 곳에 둔 채 말이 없었다.

"얼추 중요한 얘기는 다 한 것 같네요. 특히 공정한 경쟁, 자유에 대한 얘기까지 했는데, 이건 양극화 문제를 다루는 데 있어서 아주 중요한 얘기예요."

벽에 걸린 시계를 보며 선생님이 말했다.

"우리 사회는 대학에 가거나, 직장을 얻거나, 돈을 벌거나 하는 일들이 모두 경쟁을 통해서 이뤄져요. 사람마다 능력과 노력이 다르기 때문에 그 결과가 다른 건 인정해야 하고 그걸 보장해야 사회가 발전한다는 게 경제 성장 팀 주장이에요. 이해하겠어요?"

아이들의 대답이 크게 나오지 않았다. 선생님이 고개를 끄덕였다.

"사회 복지 팀은 경쟁을 통해 이뤄진 결과라 할지라도 그대로 인정할 수 있는 것은 아니라고 주장해요. 출발선이 다른 경쟁은 공정하지 않으며, 경쟁만 강조해서는 안 되고 서로 협력해야 양극화가 해결될 수 있다는 거죠. 부자들이 더 많은 세금을 내게 해서 사회 복지 하는 걸 협력으로 보는 거겠죠?"

사회 복지 팀을 보며 선생님이 말했다. 사회 복지 팀 아이들이 고개를 끄떡였다.

"자, 이런 차이는 매우 중요해요. 사회가 어떻게 발전할 것인가를 보는 생각이 전혀 다른 거예요. 사회라는 공동체와 그 구성원인 개인의 관계를 어떻게 보는가에 대해서 생각이 다르기 때문에 양극화나 그것의 해결

방향에 대해서도 다른 생각을 내놓게 되는 거예요."

선생님이 잠시 아이들을 둘러본 후 말을 이었다.

"그런 점에서 경제 성장 팀은 경쟁을 통한 사회 발전, 개인의 자유를 강조하는 입장이라 할 수 있어요. 이와 달리 사회 복지 팀 입장은 협력을 통한 사회 발전, 사회 공동체를 더 강조하는 것이고요. 이 차이를 이해하는 게 중요해요. 이후 토론에서도 이러한 차이가 계속 나타날 테니까요."

개인과 사회, 경쟁과 협력. 선생님 얘기 하나하나는 이해가 되는데, 막상 돌아보면 아무것도 이해된 게 없는 것 같았다. 그럴수록 무언가 감당하기 어려운, 처음부터 손대서는 안 될 문제에 뛰어 든 것 같은 기분이 들었다. 호기심에 분해해 본 장난감에서 쏟아져 나온 다양한 모양의 부품들 때문에 난감해하던 때가 떠올랐다.

함께 정리해 보기
소득 양극화에 대한 쟁점

사회 복지 팀	논쟁이 되는 문제	경제 성장 팀
경제 성장만을 추구하고 그 성과가 부자에게 더 많이 돌아가는 사회 구조 때문이다.	소득 양극화	경제 성장이 이뤄지지 않기 때문이며, 개인의 능력과 노력의 차이 때문이다.
부자에게 더 많은 세금을 거둬 모두에게 복지 혜택이 돌아가도록 해야 양극화가 해결된다.	사회 복지	세금 부담이 늘어나고 경제 발전이 어려워지며, 일하지 않으려는 복지병이 생긴다.
부자와 가난한 사람이 경쟁하면 부자만 유리하고, 그런 경쟁은 공정하지 않다.	경쟁	경쟁의 승자가 더 많이 갖는 게 당연하며 이를 통해 사회가 발전하는 것이다.
사회 전체를 위해 개인 자유 제한 가능	개인과 공동체	사회를 앞세워 개인 자유를 제한하는 것 부당

3장 교육 양극화

사회 복지 팀

인경   건오   지원

교육은 사람들이 사회에 나가 자신이 원하는 일을 하면서 사회의 발전에도 기여할 수 있도록 하는 거야. 민주주의 사회에서는 누구나 교육받을 권리가 있지만, 가난한 사람들은 제대로 누릴 수가 없어. 부유한 사람들은 사교육을 많이 받아 좋은 성적을 받고, 명문대에 많이 진학해. 가난한 사람들은 그게 어려워. 이름난 대학을 나와야 사회에서 성공할 수 있는데 그런 준비를 부자들만 할 수 있기 때문에 양극화가 생기는 거야.

경제 성장 팀

대현   재호   예리

교육은 성실하고 능력 있는 학생들을 훌륭한 인재로 교육시켜 대한민국의 미래를 세계 어느 나라에도 뒤지지 않도록 준비하는 일이야. 우리나라는 민주주의 국가로서 누구나 똑같이 교육을 받을 수 있는 기회가 있어. 가난한 사람이라고 해서 교육을 못 받는 게 아니야. 하지만 사람마다 능력과 노력이 똑같지는 않아. 더 많이 노력하고 더 뛰어난 능력을 가진 사람이 우수한 성적을 내고 명문대에 진학할 수 있는 거야.

교육 양극화

성적은 사교육에 투자한 만큼?

수업이 끝나고 선생님이 토론 팀 아이들을 불렀다. 두툼한 자료를 한 무더기씩 안겨 주었다. 방금 전에 복사를 했는지 종이 뭉치가 따뜻했다.

각자 받은 자료를 읽고 대현이 집에서 준비 모임을 하기로 한 날, 문을 열어 준 대현의 손에 피자 조각이 들려 있었다.

"얼른 와."

방 안에서 입에 음식을 넣은 예리의 목소리가 들렸다. 배가 고팠던 터라 방에 들어서자마자 정신없이 피자 한 조각을 한입 베어 물었다. 예리가 콜라를 따라 주며 말했다.

"자료 다 읽어 봤어?"

재호가 고개를 저었다.

"나도 다 못 봤어."

대현의 말에 예리가 한숨을 쉬었다.

"무슨 표가 그렇게 많아? 뭔 말인지 하나도 모르겠더라."

대현이 상에서 피자 상자를 치우고 선생님에게서 받은 자료 뭉치를 올려놓았다. 대현이 올려놓은 종이 더미 위에 커다란 표가 보였다.

"이거 어떻게 보는 거야?"

대현이 가리키는 표에 '학생 성적 순위별 사교육 참가율'이라는 제목이 있었다.

"사교육이 과외 맞지?"

"과외만이 아니라 학원 가는 것도 들어가지."

예리의 말에 대현이 고개를 끄덕였다.

"참가율이니까 과외나 학원에 얼마나 다니는지를 말하는 거겠지."

"밑에 있는 게 성적 순서네. 상위 10퍼센트는 반에서 3등 안에는 든다는 거겠지?"

"그러니까 표 왼쪽은 사교육을 얼마나 받느냐는 거고, 아래는 성적이 몇 등 안에 드는가를 보여 주는 거야."

예리가 표를 살펴보며 말했다.

"그럼, 성적이 높은 쪽의 막대그래프가 더 높게 올라가니까…… 사교육을 더 많이 받는다는 거네."

재호가 말했다.

학생 성적 순위별 사교육 참가율

"과외하고 학원 다닌다고 다 공부 잘하나?"

"왜 날 봐?"

대현의 물음에 재호가 볼멘소리를 했다. 예리가 쿡쿡거리며 웃었다.

"어? 너한테 하는 말이 아니라……."

"학원은 너도 다니잖아?"

재호가 들고 있던 피자 조각을 입에 털어 넣었다.

"누가 뭐래?"

"애기들아, 그만, 그만."

예리가 엄마처럼 말했다.

"표를 보면 성적 높은 사람이 사교육을 많이 받는데, 거의 80퍼센트네. 성적이 높지 않은 경우는 사교육 받는 비율도 낮아."

재호가 표를 보며 말했다.

"이걸 보면 성적 높은 사람들이 사교육에 쓰는 돈도 더 많아."

예리가 다른 표를 꺼내 상에 올렸다. '학생 성적 순위별 월평균 사교육비'라는 제목이 보였다. 재호도 어제 본 표였다.

"결국은 사교육에 돈 많이 들인 사람들이 더 성적이 좋다는 거네?"

대현이 고개를 갸웃거렸다.

"공부는 머리 좋고 열심히 하는 사람이 잘하는 거 아닌가……?"

"머리야 다 비슷하잖아? 남보다 더 노력하는 게 중요하지."

재호가 짐짓 심각한 얼굴을 했다.

"하지만 이 표는 사교육 많이 받는 게 더 중요하다는 거 아냐?"

예리가 말했다. 재호와 대현이 서로 얼굴만 쳐다보았다. 교육에 돈을 많이 들일수록 더 높은 성적을 낼 수 있다면, 사교육비를 많이 쓸 수 없는 사람은 불리할 수밖에 없다.

"어떻게 하지? 사회 복지 팀 애들이 이 얘기 할 텐데. '봐라, 양극화 이렇게 심하지 않냐', 그럴 거 아니겠어?"

재호의 말에 대현의 표정이 이내 심각해졌다.

"우리도 반박을 해야지……."

예리가 혼잣말처럼 중얼거렸다.

"어떻게?"

대현이 물었다.

무상 급식은 망국병?

이것저것 자료를 들춰 보다 보니 어느덧 싫증이 났다. 금방 이해가 안 가는 말들이 많아 머리가 아프기도 했다. 머리도 식힐 겸 컴퓨터 게임을 해 볼까 하고 거실로 나갔다. 엄마는 보이지 않고 아빠가 소파에 비스듬히 누워 TV를 보고 있었다. 먼저 아빠의 허락을 받는 게 좋을 것 같아 아빠에게로 다가갔다. 아빠는 무료한 표정으로 리모컨을 만지작거리고 있었다.

"무상 급식은 망국적 포퓰리즘입니다."

TV 화면의 신사복을 입은 남자가 굳은 표정으로 말하고 있었다. 아직도 여기저기서 무상 급식 찬반 논쟁이 계속되고 있는 중이었다.

"포퓰리즘이 뭐예요?"

아빠가 TV 화면에서 눈을 떼지 않은 채 대답했다.

"인터넷 찾아 봐."

거실을 지나 안방으로 가던 엄마가 조용한 목소리로 말했다.

"아빠 뭐라시니?"

"인……."

재호의 말을 막고 아빠가 빠르게 말했다.

"어, 인기 얻으려고 사람들 바라는 대로 따라가는 걸 말하는 거야."

"사람들 원하는 대로 하는 게 나쁜 거예요?"

"인기를 얻기 위해서 원칙 없이 필요하지 않거나 잘못된 정책을 펴는 게 문제지."

"무상 급식이 원칙 없는 거예요?"

"어? 저 양반 말이…… 그렇다는 거지."

TV 화면의 남자를 턱으로 가리키며 아빠가 말했다.

"아빠는요?"

"나? 그게…… 우리야 무상 급식 안 해도 너 밥 안 굶기잖아."

엄마가 있는 부엌 쪽을 흘끗 보며 아빠가 말을 이었다.

"급식비 안 낸다고 그 돈 나 줄 것도 아니고……."

"아빠는……."

"알아, 마. 무상 급식이란 게 부잣집 애들한테도 공짜 밥을 준다는 건데 그럴 필요 있어? 그 애들이야 차고 넘치는 게 돈일 텐데……."

"걔들이 돈 못 낼까 봐 그러는 게 아니잖아?"

어느새 엄마가 재호 옆으로 앉으며 말했다.

"복지가 어려운 사람들한테 혜택이 가도록 해야지, 왜 부자까지 공짜 밥을 줘?"

아빠가 몸을 세워 앉았다.

"부자 애들 밥 줘서 문제 되는 게 아냐. 걔들이 몇이나 된다고? 무상 급식 싫다는 건 우리 같은 사람들한테 급식 주는 게 싫다는 거야."

"그러니까, 가난한 사람만 주면 되지 중산층까지 뭐 하러 줘? 우리가 뭐 아쉬운 게 있다고."

"우리? 우리가 중산층이야?"

"우리 정도면 중산층이지."

"밥 안 굶는다고 중산층인가?"

엄마가 비웃듯이 말하자, 아빠 목소리가 조금 올라갔다.

"밥만 안 굶어? 내 집 있겠다, 차도 있겠다, 중산층이지."

"어이구, 그 집 때문에 허리가 휘어진다."

"그것만이야? 매달 외식도 하고, 문화 생활도 하지……. 그럼, 우리가 빈곤층이라는 거야?"

"빈곤층은 아니어도 뭐, 중산층도 아니지……."

엄마가 말끝을 흐렸다.

"뭔 소리래? 확실히 해."

"아빠! 원래 논점이 그게 아니잖아요."

"논점? 이게 초딩한테 어울리는 말이야?"

아빠가 엄마와 재호를 번갈아 보았다.

"우리 아들 똑똑한 거 몰랐어?"

엄마가 재호 어깨를 안으며 웃었다.

"맞아. 원래 논점은 무상 급식이다."

"그래, 중산층이든 아니든 내 아들 공짜 밥 먹일 형편은 아냐."

"자꾸 공짜 밥, 공짜 밥 그러는데 그게 왜 공짜야? 우리가 세금 낸 걸로 하는 건데."

"물론 우리가 낸 세금이지. 그러니 그걸 왜 부잣집 애들 밥값으로 쓰냐고?"

"복지가 그런 거지. 누구한테나 다 혜택을 주는 게……."

"그게 보편적 복지라는 건데, 그게 문제야. 결국은 서민이 낸 세금으로 부자들에게 혜택 주는 거잖아."

"또 그 얘기. 복지 혜택이야 다 골고루 받는 거고……."

"그 얘기도 아까 한 겁니다. 사모님."

아빠가 놀리듯이 말했지만 엄마는 태연했다.

"부자들이 혜택 받아서 문제일 게 없어. 그 사람들이야 세금 더 내면 되지."

"세상 모르는 소리. 부자들이 세금 더 내려고 해?"

"좋아하지야 않겠지. 그러니까 그 사람들도 혜택 받고 더 내도록 해야지."

"허, 잘도 그러겠다. 또, 그렇게 다 주면 그 많은 돈을 어쩌고?"

"나라 살림이야 쓰기 나름이잖아. 멀쩡한 강 파헤치지 말고 필요 없는 행사 안 하면 되지."

동의를 구하기라도 하듯이 엄마가 재호를 보았다. 그러나 재호의 얼굴은 '그런가?' 하는 표정이었다.

"그런다고 해결되는 게 아냐. 경제 성장을 위해 투자를 해야지."

"애들 교육 위해 쓰는 것도 투자야, 미래를 위한 투자."

"교육에 투자를 해도 무상 급식보다 중요한 데가 있을 거 아냐?"

"뭐?"

"학교도 새로 짓고, 교실 시설도 바꾸고……. 쓸 데가 왜 없겠어?"

"그런 일도 해야지만, 급식도 중요한 일이야. 굶는 애들이 있는 판에……."

"그러니까 걔들만 하면 되지. 필요한 애들만."

"또 그 소리……. 필요는 누구나 다 있어. 당신은 우리 애가 혜택 받는 게 싫어?"

"혜택 받는 거 좋아도 그거 얼마 한다고……."

"배부른 소리 하네. 이것저것 나가는 거 많은 살림에 그게 얼만데."

아빠의 말에 엄마가 답답하다는 표정을 지었다.

"우리 혜택 보자고 나라 살림을 거덜 내? 나랏일이 그렇게 간단해?"

엄마 말에 기분이 상했는지 아빠의 목소리가 올라갔다. 순간 엄마의 얼굴에 노기가 비쳤다. 심상치 않은 분위기에 재호가 무슨 말인가를 하기도 전에 엄마의 목소리가 귀를 울렸다. 언젠가 허락 없이 학원 가는 거 빼먹은 날에 들었던 목소리였다.

"애들 밥 먹여 준다고 나라 살림이 거덜 나? 말을 해도……."

"아니, 그게……."

"주택 대출금에, 차 할부금에, 거기다 애 때문에 나가는 돈이 얼마나 많은지 알아?"

"다 그렇게 살지……."

아빠의 말에서 급격히 힘이 빠져 나갔다.

"그렇게 중산층 흉내 내며 살고 싶으면, 돈이나 많이 벌어오든가!"

퍼붓듯이 말을 마친 엄마가 찬바람을 일으키며 일어섰다. 아빠가 당황한 표정으로 엄마를 향해 팔을 뻗었다. 엄마는 뒤도 안 돌아보고 안방으로 들어가 버렸다.

아빠가 머쓱한 표정으로 문이 닫히는 안방을 향해 말했다.

"원, 그게 무슨 화낼 일이야. 밥이나 먹자."

닫힌 방문 뒤에서 엄마의 목소리가 날카롭게 들려왔다.

"알아서 먹어!"

아빠가 시무룩한 얼굴로 TV 화면으로 눈을 돌렸다. TV 채널이 계속 바뀌어 갔다. 재호가 조심스럽게 일어나 자기 방으로 걸어갔다. 그냥 컴퓨터 게임이나 하게 해 달라고 할걸.

개천에서는 용이 나지 않는다

"교육은 백년대계라고 합니다. 성실하고 능력 있는 학생들을 훌륭한 인재로 교육시켜 대한민국의 미래를 세계 어느 나라에도 뒤지지 않도록 준비하는 것입니다. 우리나라는 민주주의 국가로서 누구나 똑같이 교육을 받을 수 있는 기회가 있습니다. 가난한 사람이라고 해서 그런 기회가 없는 것은 아닙니다. 하지만 사람마다 능력과 노력이 똑같지는 않습니다. 더 많이 노력하고 더 뛰어난 능력을 가진 사람이 우수한 성적을 내는 것입니다. 남보다 좋은 실력을 갖춘 사람이 더 열심히 노력할 수 있도록 해야 사회에 훌륭한 업적을 남기고, 우리나라가 발전할 수 있습니다."

경제 성장 팀 예리의 발표가 끝나자 대현이 엄지손가락을 세워 보였다. 예리가 쑥스러운 듯 배시시 웃었다.

"교육은 사람들이 사회에 나가 자신이 원하는 일을 하면서 사회의 발전에도 기여할 수 있도록 하는 것입니다. 그래서 민주주의 사회에서는 누구나 교육을 받을 수 있는 권리가 있습니다. 하지만 이러한 권리를 가

옛날

개천에서 용 났구먼!
장하다, 우리 아들!
우리 형아 검사 된 거야?
멍멍

요즘

장하다, 우리 아들.
그러면 그렇지.
툭
검사
△×기업 아들이라 다르구나.

난한 사람들은 제대로 누릴 수 없습니다. 사회에서 좋은 직업을 갖거나 직장을 가지려면 명문대를 나와야 하고, 명문대에 가려면 공부를 잘해야 합니다. 부유한 사람들은 많은 돈을 들여 사교육을 받아 성적을 높일 수 있지만, 그렇지 못한 사람들은 학교에서 받은 교육만으로 높은 성적을 올리기 어렵습니다. 양극화를 해결하려면 성적 경쟁만으로 대학 가는 걸 바꿔야 합니다."

사회 복지 팀 인경의 발표가 끝나자 이곳저곳에서 웅성거리는 소리가 들렸다.

"자, 두 팀의 교육 양극화에 대한 주장을 들었어요. 그럼 본격적인 토론을 시작해 볼까요."

선생님이 말했다. 인경이 표가 그려져 있는 종이판 몇 개를 꺼내들었다. 경제 성장 팀에서 준비 모임을 할 때 보던 표들이었다.

"경제 성장 팀은 성적이 자신이 얼마나 노력하는가에 따라 달라질 수 있다고 합니다. 하지만 여기 이 표를 보면 사교육을 많이 받을수록 성적이 높습니다. 성적이 높은 학생이 돈도 더 많이 씁니다. 누구나 노력하면 성적이 오른다는 경제 성장 팀의 말은 틀렸습니다."

인경의 말이 끝나자 아이들이 모두 경제 성장 팀을 쳐다보았다. 뭔가 말하려는 예리를 기다리지 않고 대현이 나섰다.

"이 세상에 노력 안 하고 되는 일은 없습니다. 노력해서 공부를 해야 성적이 오르는 게 당연한데 뭐가 틀렸습니까?"

"그게 단순히 노력해서 된 게 아닙니다. 상위 10퍼센트 안에 든 사람들은 거의 다 사교육 받잖아요. 표를 보십시오."

인경이 들고 있는 표를 대현을 향해 흔들어 보였다.

"사교육 안 받고 10퍼센트 안에 드는 사람도 있습니다."

"그건 얼마 안 됩니다. 성적이 높을수록 사교육 받는 비율이 높잖아요?"

"사교육을 받아도, 자기가 노력하니까 성적이 오르는 거죠."

"사교육 받는 것도 노력이라면 그런 노력은 사교육비 낼 수 있는 사람만 할 수 있는 겁니다."

사회 복지 팀의 지원이 말했다.

"그러니까, 제 말은…… 공부하는 데는 노력이 있어야 한다는 겁니다."

대현이 힘겹게 말했다.

"노력을 안 해도 된다는 게 아닙니다. 똑같이 노력을 하는 경우 사교육 받는 사람이 더 유리하다는 겁니다."

"그래도 노력을 해야……."

말끝을 흐린 대현의 얼굴이 급격히 어두워졌다. 예리와 재호의 얼굴도 침울해졌다. 예리가 말하기로 한 부분에 대현이 나선 게 문제였다. 성적이 중하위권인 경우에도 사교육 받는 사람이 많다는 점을 들어 성적 높은 원인을 사교육만으로 단정할 수 없다고 반대 토론 하기로 했었는데 대현이 욕심을 부리는 바람에 틀어져 버린 것이다.

"사회 복지 팀은 교육 양극화가 심하고, 그래서 명문 대학에 부자들만 간다고 했는데, 대학은 실력대로 가는 거 아닌가요?"

경제 성장 팀의 예리가 어렵게 말문을 열었다.

"성적이 좋아야 가는 거지만, 그 성적이 소득 수준과 상관이 있어요. 서울대 합격자 3분의 1은 서울 출신이에요. 2011년에도, 2020년에도 그래요."

사회 복지 팀의 건오가 종이판을 꺼내들면서 말했다. 선생님이 준 자료에서는 보지 못한 표였다.

"그중에서도 우리나라에서 가장 부유한 곳으로 알려진 강남 지역의 강남구, 서초구, 송파구 여기 사는 학생이 42퍼센트나 됩니다. 이 표는 2011년 건데, 2017년에는 더 높아서 44퍼센트나 돼요."

건오가 까맣게 색이 칠해져 있는 곳을 가리키며 말했다.

"하지만 그 표를 보면 노원구도 합격자가 많은데……."

표를 물끄러미 보던 재호가 말했다.

"그래요. 송파구랑 똑같은데 거기는 강남이 아니잖아요?"

건오의 표를 향해 예리가 손을 쭉 뻗었다.

"어, 그래도 강남에 사는 학생이 서울대에 더 많이 갔습니다."

사회 복지 팀 건오가 당황하는 모습을 보였다.

"그렇기는 해도 잘사는 지역에서만 서울대에 많이 갔다는 말은 안 맞습니다."

경제 성장 팀 예리의 말에 자신감이 묻어났다. 교실의 아이들이 웅성거리는 소리가 들렸다. 몰리던 토론 분위기가 바뀐 것 같아 기분이 좋아졌다.

"예외가 있다고, 강남의 세 개 구에서 서울대 합격자가 많은 걸 부정하

서울 자치구별 서울대 합격자 수 (2011년 일반고, 단위 : 명)

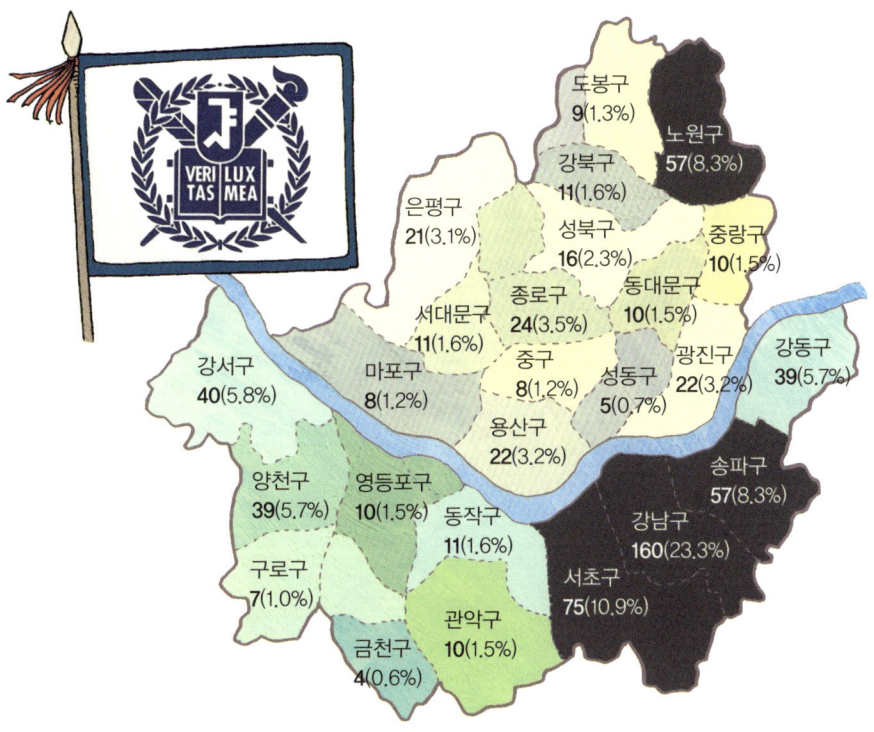

는 건 옳지 않습니다. 노원구에도 합격자가 많은 건, 거기가 사교육이 발달한 지역이라는 걸 생각해야죠."

사회 복지 팀의 지원이 나섰다.

"그걸 부정하는 게 아닙니다. 사회 복지 팀은 잘사는 곳에 서울대 합격자가 많다고 했는데, 그렇지 않은 곳도 있으니까 그 말이 틀리다는 겁니다."

또랑또랑한 예리의 목소리가 교실에 퍼졌다.

"틀린 건 아닙니다. 어쨌든 세 곳의 합격자 수가 제일 많은 건 사실이잖아요."

"그래도 잘사는 집 학생만이 명문대에 많이 간다는 건 틀린……."

"잠깐, 통계를 볼 때는 주된 현상이 뭔지를 봐야죠. 다른 것에 비해 수치가 크게 나타나는 걸. 명문대 합격하는 것이 재산이 많은 것과 관련이 있는지가 논점이니까 사회 복지 팀이 다른 논거를 제시하는 게 좋겠어요."

선생님이 예리와 지원의 논쟁을 중단시켰다. 사회 복지 팀 아이들이 자기들끼리 얘기를 주고받았다.

"서울대 합격자들의 40퍼센트는 부모가 우리나라에서 가장 돈을 많이 버는 직업을 갖고 있습니다. 의사, 변호사 같은 전문직이나 회사의 높은 간부 같은 거요."

사회 복지 팀 건오가 말했다.

"그럼 60퍼센트는 돈 많이 버는 직업이 아니라는 거네요."

경제 성장 팀 예리가 별거 아니란 듯이 말했다.

"'가장 많이'라고요. 부모가 소득이 많을수록 지원을 많이 해 줄 수 있는 겁니다. 사교육 받도록……."

그때 재호의 머리에 떠오르는 게 있었다. 인터넷 검색 하다 찾은 신문기사였다. 재호가 종이 한 장을 꺼내들었다.

"부모가 돈을 많이 벌면 사교육 많이 받도록 지원해 줄 수 있죠. 하지만, 꼭 사교육을 받아야 서울대에 들어갈 수 있는 건 아닙니다."

맞은편에 앉은 건오가 재호의 손에 든 종이를 유심히 보았다.

"2011년 서울대 합격자 중 사교육 안 받은 사람이 42퍼센트나 된다고 합니다. 반드시 사교육 받아야 서울대 갈 수 있는 성적이 되는 건 아닙니다."

"그건 부모의 경제력만이 명문대 합격에 영향을 주는 건 아니란 뜻도 되죠."

같은 팀 예리가 재호를 거들었다. 대현의 표정이 '이제 너희 차례야.' 하는 것 같았다.

"서울대 발표를 그대로 믿는다고 해도 달라지는 건 없어요. 단순히 사교육을 받는지 아닌지만을 말하는 게 아니에요. 부모 소득이 높을수록 사교육을 포함해서 마음껏 공부하도록 지원해 줄 수 있으니까, 명문대 가는 데 유리하다는 거예요."

사회 복지 팀 건오가 태연한 얼굴로 말했다.

차별 시정인가, 역차별인가

"음, 양극화 현실에 대한 생각 차이는 그 정도로 하고 해결 방향에 대한 토론으로 넘어갈까요? 누가 먼저 얘기할까?"

선생님의 말에 사회 복지 팀 지원이 손을 들었다.

"교육 양극화를 해결하려면 학력이나 소득이 높지 않은 부모의 자식들도 명문대에 가고, 등록금 걱정 없이 공부할 수 있어야 합니다. 그러려면 먼저 성적만으로 학생을 뽑지 말고 저소득층 학생에게도 기회를 주어야 합니다."

"누구한테나 기회는 있어요. 저소득층이라고 못 가는 건 아니에요. 꼭 명문대가 아니더라도……."

경제 성장 팀 대현이 튕겨 나오듯이 나섰다.

"성적 중심으로만 학생을 뽑으면 사교육을 많이 받는 고소득층 학생은 명문대 가고 그렇지 못한 학생들은 명문대는커녕 대학도 못 가게 될 수 있어요."

"대학에서 학생을 뽑는 데 성적을 보는 게 당연하죠. 서울대같이 이름

있는 대학에는 서로 가려고 하잖아요. 경쟁이 되니까 시험을 봐서 성적 순으로 합격자를 가리는 거죠."

"경쟁이 된다고 성적만으로 학생을 뽑으면 그 경쟁에서 이길 수 있는 사람은 정해져 있게 되고, 그러면 양극화는 되풀이되는 거예요."

지원이 차분한 목소리로 말했다.

"그렇다고 성적이 안되는데 가난하다고 대학에 입학시키는 게 말이 돼요?"

대현의 눈이 커졌다.

"가난하다고 입학시키는 게 아니라 기회를 주어야 한다는 거죠."

"그게 그거죠. 가난하다고 기회를 더 주면 대학 가서 공부할 실력이 있는 사람은 가난하지 않아서 기회를 못 갖게 될 수 있잖아요. 그거야말로 차별하는 거 아니에요?"

"소득에 따라 성적이 달라지고 대학 가는 게 달라지는 양극화를 해결

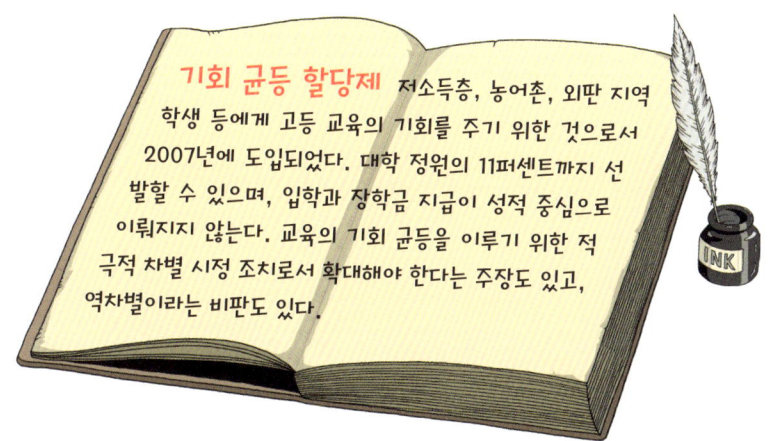

기회 균등 할당제 저소득층, 농어촌, 외딴 지역 학생 등에게 고등 교육의 기회를 주기 위한 것으로서 2007년에 도입되었다. 대학 정원의 11퍼센트까지 선발할 수 있으며, 입학과 장학금 지급이 성적 중심으로 이뤄지지 않는다. 교육의 기회 균등을 이루기 위한 적극적 차별 시정 조치로서 확대해야 한다는 주장도 있고, 역차별이라는 비판도 있다.

하려면 경쟁에서 불리한 사람들에게 더 기회를 줘야 돼요."

"기회를 주는 건 좋지만, 그렇다고 다른 사람의 기회를 빼앗으면 안 됩니다."

대현이 못을 박듯이 말했다.

"기존의 차별이 심해서 그걸 없애기 위해 기회를 주는 건 차별이라고 할 수 없습니다."

지지 않겠다는 듯 지원의 목소리도 커졌다.

"좋아요. 대학에 간다는 건 사회에서 소득이 높은 층에 속할 가능성이 높아지는 거라 할 수 있어요. 그래서 그 기회를, 더 좋은 기회를 얻기 위해 경쟁하는 게 대학 입시예요. 입시는 성적에 의한 경쟁으로 치러지고요."

선생님이 말했다.

"기회 균등이 논란이 되는 건 그 바탕에 대학, 그것도 명문대를 나왔냐 아니냐가 중요한 기준이 되는 사회와 연관이 있어요. 그 문제를 토론하는 게 좋겠어요."

학벌 없이 성공할 수 있는 사회가 되려면

"양극화는 사회에서 학력이나 학벌을 너무 따져서 생깁니다. 좋은 직장에 들어가는 기회가 대학 나온 사람은 많고, 그렇지 않은 사람은 적기 때문입니다. 그 차이를 없애거나 크지 않게 해야 합니다. 또 명문대를 졸업한 사람과 그렇지 않은 사람의 차이도 없도록 해야 합니다."

사회 복지 팀 인경이 책을 읽듯이 말했다.

"명문대를 졸업했다는 건 그만큼 공부를 많이 했고, 능력이 있다는 겁니다. 그런 사람들이 취업을 잘하는 게 뭐가 문제예요? 기업에서도 그런 사람들이 와서 일하는 게 이익이고……."

경제 성장 팀 재호가 말했다.

"명문대 졸업했다고 일하는 능력이 더 뛰어난 건 아닙니다. 일류대로 불리지 않는 대학을 나와도, 고등학교만 나와도 더 일을 잘할 수 있는 겁니다."

"일과 공부가 똑같지 않으니까 그럴 수도 있지만, 기업 입장에서는 공

부를 잘한 사람이 일도 잘할 가능성이 높으니까 명문대같이 학력 좋은 사람을 뽑는 겁니다."

"기업들이 좋아하는 명문대에 갈 수 있는 건 앞에서 얘기한 것처럼 부모로부터 지원을 많이 받을 수 있었기 때문이에요. 태어난 조건의 차이 때문에 사회에서 성공이 제약받는 건 공정하지 않아요."

"기업들도 경쟁에서 이기려면 뛰어난 인재가 있어야 해요. 능력 뛰어난 사람을 뽑기 위해 학력을 보는 거고요. 그걸 못 하게 하는 건 기업의 자유를 침해하는 겁니다."

첫 토론 이후 '자유'라는 말이 굉장히 큰 의미가 있는 것처럼 느껴졌다. 상대 팀에서 반박하기 어려운 말을 하는 것처럼 우쭐한 기분도 들었다.

"왜 능력을 학력으로만 따져요? 대학 이름이 그렇게 중요해요?"

인경의 말투가 따지는 사람처럼 바뀌었다.

"차이가 있으니까 명문대가 있고, 일류대가 있는 거죠."

"대학이 일류대와 그렇지 않은 곳으로 나뉘는 것부터 없애야 합니다."

사회 복지 팀 건오가 큰 소리로 말했다.

"대학 평준화를 말하는 거예요?"

눈을 빛내며 경제 성장 팀 예리가 물었다.

"일류대, 이류대 식으로 순위를 매기는 게 없어져야 한다는 거죠."

"그렇다고 대학을 똑같이 만들어요?"

"똑같이 만드는 게 아니죠. 공부할 수 있는 자격만 확인되면 어느 대학에서도 공부할 수 있게 하는 것뿐이에요. 그래야 사교육 안 받고도 누구

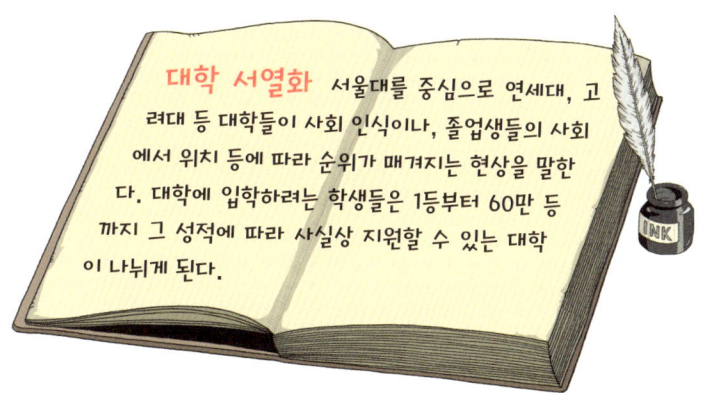

나 대학 갈 수 있어요."

"사교육을 많이 받는 건 학교에서 공부한 것만으로는 대학 가기 힘들기 때문이에요. 그게 고등학교 평준화 때문인데, 대학까지 평준화를 하면 대학 수준만 떨어뜨리게 됩니다."

준비한 대로 예리가 차분히 말했다.

"평준화 때문에 학생들 학력이 떨어지는 건 아니에요. 우리나라는 다른 나라들과 비교했을 때 훨씬 공부를 잘하는 것으로 나타나요."

"그건 중학교 때 성적이죠."

"그 학생들이 고등학교에 가는 건데 별로 다를 게 없어요."

건오의 말에 예리가 고개를 흔들었다.

"평준화로 공부를 못하는 학생들도 따라올 수 있도록 가르치게 되니까 공부 능력이 전체적으로 낮아져요. 그래서 대학 가려면 사교육을 받아야 하는 거예요. 그런데 대학까지 평준화하면……."

"대학 서열이 없어진다고 학력이 떨어지는 건 아니에요. 고등학교 입

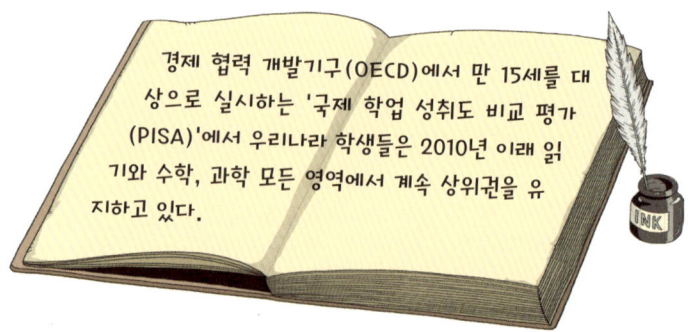

경제 협력 개발 기구(OECD)에서 만 15세를 대상으로 실시하는 '국제 학업 성취도 비교 평가(PISA)'에서 우리나라 학생들은 2010년 이래 읽기와 수학, 과학 모든 영역에서 계속 상위권을 유지하고 있다.

시 경쟁이 너무 과열돼서 평준화했는데, 그래도 중학생들이 공부를 열심히 한다는 게 드러났잖아요."

사회 복지 팀 건오가 종이 하나를 흔들어 보였다.

"평준화를 하면 경쟁을 안 하게 되는데, 그렇게 되면 학생들이 공부를 하겠어요?"

"꼭 경쟁을 시켜야 공부를 잘하는 게 아니잖아요. 공부해야 할 필요를 느낄 때 자기 스스로 열심히 하는 거죠."

"경쟁이 돼야 더 노력하죠. 명문대 가려는 경쟁이 있어서 더 공부하게 되고, 대학 안에서도 경쟁이 있어야……."

"어디서든 열심히 공부하면 되는 거지 일류대인가 아닌가로 나눠지게 할 필요가 없잖아요."

사회 복지 팀 지원이 빠르게 말했다. 예리가 경계하는 표정으로 지원을 보았다.

"공부를 하더라도 잘하는 사람끼리 경쟁을 하는 거랑, 못하는 사람끼리 하는 거랑 같을 수가 없죠."

"그런 경쟁은 사회에서 하면 돼요. 그런 경쟁이 필요한 일이 있을 테니까. 입시 성적만으로 일류대 출신이냐 아니냐로 구별해서 평생 사회에서 차별받게 하는 건 옳지 않아요."

"우리나라는 인적 자원밖에 없는 나라예요. 대학에서 인재를 키우려면 대학도 경쟁을 해야 발전하는 거예요."

예리가 양 주먹을 쥐었다.

두 팀에서 더 이상 아무 말이 없자 선생님이 시계를 보며 말했다.

"오늘 토론은 여기서 끝내야겠네요. 교육 양극화 실태와 해결 방향에 대해서 알아봤어요. 교육 양극화의 해결 방향에서는 차이가 크게 나죠?"

선생님이 눈을 동그랗게 떴다.

"여기에는 교육을 보는 관점의 차이가 있어요. 경쟁을 통해 인재를 양성하는 것이 더 중요하다는 입장과 사회에서 삶의 처지를 변화시키는 기회로 강조하는 입장이 있는 거죠. 대학 입학에서 기회 균등과 대학 서열 폐지 등에 대한 의견 대립은 그러한 차이에서 비롯되는 것이라 볼 수 있어요. 교육 비용에 대한 토론이 안 된 게 아쉽네요. 교육 기회를 늘리는 건 비용 문제와 연관이 있는데……."

무상 교육을 어떻게 봐야 하나

버스에서 내려 시큰둥한 기분으로 걸어가는데 길 저쪽에서 시끄러운 소리가 들려왔다. 정부 청사 앞에서 마스크를 쓴 사람들이 '코로나19 대학가 재난 시국 선언'이라고 쓴 커다란 현수막을 펼치고 있었다. 그 주변을 경찰들이 에워싸듯이 지키고 있었다. 코로나19를 조심하자는 대학생 캠페인인가 싶었는데 분위기가 이상했다. 대학생들 손에 '등록금 반환' '교육부가 책임져라'라는 글귀들이 보였다.

"등록금 때문에 시위를 하는 거였네."

엄마가 중얼거렸다.

"코로나 때문이 아니고요?"

"코로나 때문에 수업을 못 받으니까, 등록금을 돌려달라는 거지."

"대학 등록금을 정부에서 걷는 거예요?"

"응? 후후. 아니, 대학에서."

"그런데 왜 정부 청사에서 시위를 해요?"

"대학에서 반환 못 한다고 버티니까 정부가 나서서 해결해 달라는 거야."

대학생들이 가져온 듯한 커다란 TV에서 옛날 영상이 나왔다.

"반값 등록금 실현하라!"

화면에서도 대학생들이 시위를 하고 있었다. 세종대왕상이 보였다. 영상 속 시위는 2011년이라는데, 시간은 다르지만 같은 곳에서 또 다른 대학생들이 등록금 때문에 시위를 하는 게 이상한 느낌을 줬다. 시간 여행을 하는 듯 서로 다른 시간을 동시에 경험하는 기분이 들었다.

자료 영상 속 대학생들은 대통령을 만나기 위해 청와대로 가려다가 경찰에 길이 막혔다고 했다. 화면에 옛날 대통령 얼굴이 보였다. 교도소에 들어가게 됐다고 하루 종일 방송을 할 때 보던 얼굴이었다.

"아악!"

TV에서 갑자기 날카로운 여자 비명이 들렸다. 경찰들이 대열에 앉아 있는 사람들을 끌어내고 있었다. 한 명을 여러 명의 경찰이 끌고 가는데, 그 대학생은 끌려가면서도 연신 뭐라고 소리를 질렀다. 무슨 말인지는

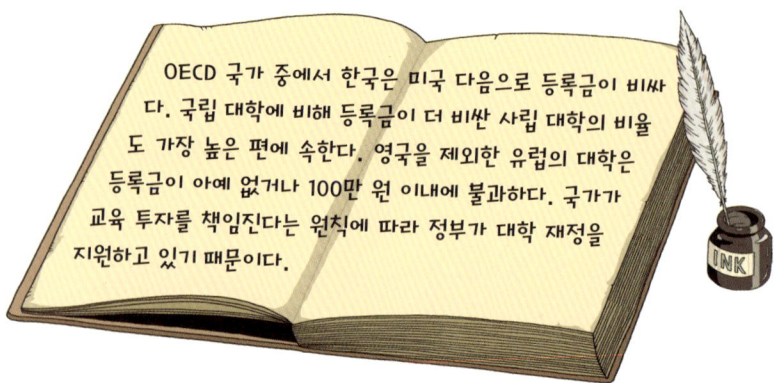

알 수 없고, '대통령' '등록금' 하는 소리만 들렸다.

계속 보고 싶었지만, 엄마 손에 이끌려 다시 서점을 향해 걸어갔다.

"저 때는 대통령한테 등록금 얘기를 하려고 했나 봐요?"

"그때의 대통령이 대학 등록금을 반값으로 해 주겠다고 했었거든."

"왜요?"

"우리나라 대학 등록금이 아주 비싸."

"100만 원?"

"그 열 배쯤. 1년에 그렇게 내야 한대."

"천만 원? 와, 그렇게 많이……. 왜 그렇게 비싸요?"

"글쎄, 대학교에서 그렇게 받네. 그래서 그 대통령이 선거 때 약속을 했대. 등록금 반값!"

'등록금 반값', '등록금 반환', 일부러 라임을 맞췄나 싶었다. 그래서인지 두 가지가 같은 문제로 느껴졌다.

"약속을 안 지켰나 봐요, 대통령이? 대학생들이 시위를 한 게……."

"응, 대신 은행에서 빌려 등록금 내고, 졸업한 다음에 취직해서 갚는 제도를 만들었어. 나라에서 지원하는 것도 있고."

"그럼, 등록금 걱정 안 해도 되잖아요?"

"그게 다 빚이지, 빚. 어느 신문 보니까 대학생들이 졸업할 때 빚을 천만 원이나 넘게 진대."

"빚? 취직해서 갚으면 되지 않아요?"

"취직이 쉽지도 않지만, 사회생활을 빚쟁이로 시작하는 게 좋겠어? 그래서 대학생들이 등록금 벌려고 별별 아르바이트를 다 한대."

"뭘 하는데요?"

"편의점에서도 일하고, 커피 파는 데, 식당, 주유소 그리고 길거리에서 장사도 한대. 건설 공사하는 데서 일하다가 다치기도 해. 얼마 전에는 무슨 냉동실에서 일하다 죽은 학생도 있어."

대학생 되는 게 쉽지 않다는데, 대학생으로 사는 것도 어렵다는 생각이 들었다. 힘들게 아르바이트 해서 등록금 냈는데 수업을 제대로 못 받으면 억울한 마음이 들 것도 같았다.

"그렇게 일해도 등록금이 마련되는 것도 아니고, 공부는 또 언제 하겠어."

"대학 가도 공부 많이 해야 돼요?"

"성적 안 좋으면 졸업을 못할 수도 있고, 졸업을 해도 직장 잡기가 힘들지. 학교 성적만이 아니라 남들처럼 경험을 쌓거나 무슨 자격증 같은 것도 따 놔야 취직할까 말까야, 요즘은."

"자격증도 따야 돼요?"

"워낙 취직하기가 힘들어서 그래. 월급도 많이 주고 안정적인 직장을 잡으려면 대학 가기보다 더 힘든 세상이란다."

"그럼 자기가 돈 벌어서 대학 다녀야 되는 사람들은?"

"힘들지. 부모가 여유가 있으면 공부만 할 수 있겠지만, 그렇지 못하면 공부하기 쉽지 않고, 사회 나와도 큰 회사 들어가기는 어려워."

서점 입구의 커다란 회전문이 보였다. 문을 따라 계속 걸으면 들어가는 게 아니라 다시 제자리일 거라는 생각이 들었다. 돈 없어서 공부하기 힘들고, 공부 못해서 돈 많이 주는 데 취직 못 하고, 돈 많이 못 벌어 아이 공부시키기 힘들고, 그럼 그 아이는 다시 공부하기 힘들고…….

아동 도서가 진열된 곳으로 가면서 엄마가 푸념하듯이 말했다.

"그래서 무상 교육 얘기가 나오는데, 너 대학 갈 때는 그렇게 됐으면 좋겠다."

"우리 집이 가난해요?"

"가난해서가 아니야. 교육비가 너무 많이 들어서 다 힘들어."

"무상 교육 하면 부자들까지 지원을 받는데, 그래도 돼요?"

"복지는 나라에서 국민들이 기본적 생활을 하도록 보장해 주는 거야."

"부자들은 그런 걱정 없잖아요. 자기 돈으로 다 해결할 수 있으니까."

"그러면 부자들은 경찰이나 소방관 부를 때 따로 돈 내라고 할까?"

엄마가 재호를 보며 물었다.

"예? 그건……."

"나라에서 부자는 빼고 가난한 사람들만 지켜준다는 건 말이 안 되지? 복지도 그런 거야. 경찰이 하는 일, 소방관이 하는 일, 이런 걸 국민 개개인이 알아서 해야 한다고 생각해 봐."

알아서 하면? 집에 소화기는 있고, 총이 있어야 되나?

"누구나 살아가는 데 반드시 필요한 일이 있어. 그걸 각자가 따로 하면 비용도 더 들고, 부자는 많이 누리는데 그렇지 못한 사람들은 못 하게 되는 일."

"교육도 그런 일이에요?"

"그래, 그런 걸 함께 해결하는 게 복지야."

"그러려면 세금을 많이 거둬야 하잖아요. 경제에 투자도 못하고……."

"세금 더 내는 게 교육이나 의료, 뭐 이런 걸 개인이 해결하는 것보다 부담이 더 적지."

"나라에서 다 해 주면 좋은 거예요? 사람들이 게을러지지 않을까?"

"글쎄, 유럽에 복지 많이 하는 나라 사람들이 게으르다는 얘기는 못 들었는데……. 어이, 아들. 너 게으름 피우는 게 엄마가 다 해 줘서 그런 거였어?"

말을 잘못 꺼냈다는 생각이 들었다. 재호가 못 들은 척 책 진열대로 걸음을 옮겼다. 뒤통수로 엄마 목소리가 날아들었다.

"너, 내일부터 혼자 일어나는 거다."

함께 정리해 보기
교육 양극화에 대한 쟁점

사회 복지 팀	논쟁이 되는 문제	경제 성장 팀
소득이 높을수록 사교육을 많이 받고 이에 따라 더 높은 성적을 받아 명문대에 진학한다.	교육 양극화	대부분 사교육을 받아도 모두가 성적 높은 건 아니므로 개인 노력과 능력이 더 중요하다.
누구에게나 동등한 교육기회를 주기 위해 나라가 해야 하는 보편적 복지	무상 급식, 무상 교육	부자에게는 할 필요 없는 과잉 복지로, 다른 교육 투자를 막는 세금 낭비
저소득층이 가난에서 벗어날 수 있는 교육의 기회 제공	기회 균등 할당제	성적 좋은 사람의 기회를 빼앗는 차별
대학 서열을 폐지해야 입시 과열과 학벌에 따른 차별 해결	대학 평준화	대학 교육의 수준을 낮춰 인재 양성 어렵게 한다.

4장
문화·정보 양극화

사회 복지 팀

인경　　　　　　　건오　　　　　　　지원

문화는 사람들의 정신을 발달시키고, 사회에서 살아가는 처지를 정하기도 해. 소득의 크기에 따라 사회에서 처지가 다른 것처럼 소득에 따라 즐기는 문화가 달라. 소득 수준이 높은 사람은 문화 활동도 많이 하고 고급스러운 문화를 즐기지만, 소득 수준이 낮은 사람은 그런 문화를 접하기 힘들며, 문화생활 자체가 어려워. 나라에서 지원을 해 줘야 해.

경제 성장 팀

대현　　　　재호　　　　예리

문화에는 여러 가지가 있어. 사람에 따라 미술을 하든 연극을 좋아하든 그건 자기의 취향과 여건에 따라 하는 거야. 관심이 없을 수도 있고. 어떤 문화는 돈이 별로 안 들지만 어떤 문화를 즐기는 데는 많은 돈이 들 수도 있어. 돈이 많이 드는 문화가 더 좋고, 돈이 안 드는 문화가 나쁜 건 아냐. 개인이 자유롭게 선택할 일을 나라에서 나서는 것은 옳지 않아.

문화·정보 양극화

가난한 사람은 책을 안 본다?

 엄마를 졸라 서점 스낵 코너에 갔다. 서점에서 왜 음식을 파는지 모르겠다는 엄마의 푸념을 들어야 했지만, 스낵 코너에서 풍겨 나오는 냄새는 마냥 고소했다. 감자튀김과 치킨 몇 조각을 놓고 빈자리를 하나 골라 앉았다. 치킨을 한입 베어 무니 기분이 좋았다.
 낯익은 얼굴이 스낵 코너에 들어서는 게 보였다. 지원이었다. 아는 체를 할까 말까 망설이는데 지원이 놀란 눈을 하며 다가왔다.
 "누구니? 학교 친구?"
 엄마가 미소를 지으며 재호와 지원을 번갈아 보았다.
 "같은 반이에요. 지원이."

지원이 엄마를 향해 고개를 숙였다.

"아! 지원이. 재호한테 얘기 많이 들었어. 토론 잘한다며?"

"아, 아니에요."

지원이 고개를 흔들었다. 엄마의 미소가 커졌다.

"재호가 많이 부러워하던데."

얼굴을 붉히며 지원이 재호를 쳐다보았다. 재호가 고개를 숙였다. 옷 갈아입다 맨몸을 들킨 사람처럼 당황스럽고 마음이 불편했다. 그때 누군가가 다가오며 지원을 불렀다.

"여기서 뭐 하니?"

"엄마, 친구 만났어. 같은 반……."

재호가 일어나서 인사를 했다. 두 엄마가 반갑게 인사를 나누었다. 옆 테이블을 이어 붙여 합석을 했다. 엄마들은 처음 본 사람들인데도 예전에 알던 친구들처럼 자연스럽게 이야기꽃을 피웠다. 같은 학교 같은 반에 다니는 아이를 둔 게 엄마들을 빨리 친하게 하는 모양이다. 엄마들끼리 얘기를 나누는 중에 재호와 지원은 꾸역꾸역 음식만 먹고 있었다. 학교에서도 썩 친하게 지낸 것은 아니지만 상대 팀 토론자가 되면서 왠지 불편한 마음이 생겼다.

"너 그거 아니?"

어색한 침묵을 깨고 지원이 말했다.

"소득이 높을수록 책을 많이 읽고 소득이 적을수록 적게 보는 거."

"그래?"

재호의 표정이 시큰둥했다.

"나도 얼마 전에 알았어. 2019년에 한 달 소득이 6백만 원 넘는 사람은 열한 권 넘게 봤대. 하지만 백만 원이 안 되는 사람들은 세 권 정도야."

"차이가 많이 나네. 책 볼 시간이 없어서 그런가?"

별로 하고 싶지 않은 얘기이지만, 대꾸는 해야 할 것 같았다.

"내 생각에는 시간도 없고 돈도 없고…… 그래서일 것 같아."

"그런가……?"

"일은 많이 하는데 돈은 많이 못 벌고, 그러니 책 읽을 시간도 돈도 부족할 거 같아."

"일을 많이 하는데 왜 돈을 많이 못 벌어?"

음료수 컵을 흔들며 재호가 물었다. 달그락거리며 얼음 조각 부딪치는 소리가 듣기 좋았다.

"가난한 사람들은 임금이 적어서 일을 많이 한대."

무슨 소리인지 이해가 안 갔다. 지원의 얼굴을 보았지만 지원은 태연히 빨대를 물고 입을 오므린 채 아무 말도 하지 않았다. 지원의 목에서 꿀꺽 하는 소리가 들렸다.

"책을 많이 봐야 훌륭한 사람이 된다고 그랬는데……."

재호가 자기도 무슨 말을 해야 할 듯싶어 한 말이었다.

"책을 안 봐서 가난해졌다고?"

지원이 눈을 동그랗게 떴다.

"어? 내가 언제?"

"그 말 아니었어?"

"그게 아니라…… 책을 많이 봐야 지식도 쌓고…… 그래야 일도 잘하게 되는 거 아닌가……?"

"책을 안 봐서 가난해진 게 아냐. 그렇지만 그래서 가난에서 벗어나기 힘들어질 수는 있대."

'내가 언제 책 안 봐서 가난해졌다고 그랬나?' 살짝 기분이 상했다. 엄마들 있는 데서 자기를 가르치려는 것 같았다. 힐끔 엄마를 보았지만 지원 엄마랑 무슨 얘기 끝에 까르르 웃고 있었다. 아이들 얘기에 관심 없어 보이는 게 오히려 다행스러웠다.

"사회에서 다른 사람들한테 뒤지지 않으려면 계속 자기 실력을 쌓아야

하고 정보도 많이 얻어야 하는 거래. 그런데 가난한 사람들은 그러기 어려워서 자꾸 뒤처질 수 있대."

재호의 마음과 상관없이 지원은 얘기를 계속했다. '누가 물어봤어?' 하는 말이 목구멍에서 간질거렸다.

"정보야 신문이나 인터넷에서 볼 수도 있지."

재호가 중얼거리듯 말했다. 지원의 말이 이어졌다.

"가난한 사람은 신문 보는 것도 힘들어."

괜히 대꾸를 해 줬다 싶었다.

"2019년에 한 달 소득이 백만 원 미만인 사람들은 34퍼센트밖에 신문 구독을 안 했어. 6백만 원이 넘는 사람들은 85퍼센트나 되는데."

저런 통계를 어디서 구했나 싶은 생각도 들고, 그런 걸 외우고 있는 것도 신기했다. 점점 대꾸하기가 싫어졌다. '인터넷으로 볼 수도 있지.' 하고 나오려는 말을 억지로 삼켜 버렸다.

"인터넷으로 볼 수도 있을 거 같지?"

재호가 경계하는 눈빛을 했다.

"아냐. 인터넷 신문도 차이가 나. 81퍼센트하고 94퍼센트."

지원이 눈앞에 표를 보고 있는 것처럼 콕 찍어 말했다. '신문 보는 게 얼마나 한다고, 관심이 없어서 그런 거 아냐?'라고 하면 뭐라 할까? 대답이 궁금했지만, 재호는 눈을 내린 채 아무 말도 하지 않았다. 관심 없다는 태도를 내비치고자 치킨 담았던 그릇의 튀김 부스러기를 손가락으로 찍어 먹었다. 고소한 맛이 났다.

"넌 며칠 굶은 애처럼 그걸 찍어 먹고 있니. 주접스럽게."

엄마가 인상을 찌푸렸다. 지원 엄마랑 얘기하느라 자기를 잊은 줄 알았는데, 어느새 엄마가 재호를 흘겨보고 있었다. 지원 엄마가 말없이 웃으며 재호를 보았다. '주접스럽게'라는 말은 처음 듣지만 분명 나쁜 뜻일 게다. 속상한 마음에 음료수 빨대를 물었다. 밍밍한 얼음물만 올라왔다.

가난에 의한 정보의 가난

"양극화에 대한 이번 토론은 문화에 대한 거예요. 문화란 말은 범위가 아주 넓은 말인데, 우리 토론에서는 음악이나 미술 같은 예술, 문학, 영화…… 이런 거를 얼마나 하고 즐기는지를 알아볼 거예요."

선생님이 교탁 끝을 양손으로 잡으며 말했다.

"취미 같은 건가요?"

"어, 그럴 수 있지. 직장이나 집에서 일하는 거 말고, 그냥 마음 편하게 즐기는 거……. 그렇다고 운동하는 거나 노는 건 말고."

"그럼 TV 보는 건요?"

"그것도 되지."

선생님이 고개를 끄덕였다.

"야구 보러 가는 건요?"

"박물관 가는 건요?"

아이들이 제각기 말하기 시작했다.

"자, 자. 조용. 여러분이 말한 것들 다 포함할 수 있어요."

"그런 문화에도 양극화가 있어요?"

"그래요. 문화 활동을 하는 것에도 소득에 따라 차이가 있다는 건데……. 어, 그걸 자세히 알아보는 토론을 할 거예요."

수업이 끝나고 교무실로 갔다. 또 한 뭉치의 자료를 받았다. 그만큼의 부담이 새로 생겼다. 경제 성장 팀이 어떤 방향으로 토론해야 하는지 선생님의 조언이 있었다.

경제 성장 팀 아이들이랑 함께 교문으로 걸어가며 서점에서 지원이 만

난 얘기를 했다.

"재미있었겠다."

대현이 킥킥거리는데 예리가 부러운 표정을 지었다.

"재미는 무슨, 기분 꽝이었어."

입술이 떨리도록 재호가 머리를 흔들었다.

"그래도 맛있는 것도 먹고, 엄마랑 책도 보고……."

"엄마 잔소리도 실컷 듣고……."

대현의 말에 재호가 손바닥을 올렸다. 둘이 손바닥을 마주쳤다.

"난, 엄마랑 서점에 가 본 적이 없어."

예리가 말했다.

"한 번도?"

재호가 물었다.

"어. 우리 엄마는 늘 바쁘거든. 출근도 해야 하고, 집에 늦게 올 때도 많아. 쉬는 날에도 집안일 밀린 거 해야 하고……. 엄마는 잠 좀 푹 잤으면 좋겠대."

재호와 대현이 미안한 얼굴을 했다.

"일하는 엄마들은 애들 교육에 신경 쓰기 힘들겠다."

재호가 말했다.

"맞아. 엄마들끼리 만나서 학교 얘기도 하고, 여러 정보도 얻고 그런다는데?"

재호의 말에 대현이 맞장구를 쳤다.

"정보? 무슨 정보?"

예리가 물었다.

"어, 애들 교육시키는 거, 아파트 얘기, 어디 물건 싸게 판다는 거……. 뭐, 그런 거."

"우리 엄마는 반상회도 못 나가는데……."

예리의 얼굴이 어두워졌다.

"그런 정보야 꼭 엄마들끼리 만나야 아나? 인터넷 찾아봐도 되지."

재호가 짐짓 밝은 표정을 지었다.

"우리 엄마는 인터넷도 많이 못 하나 봐. 책상에 컴퓨터는 있는데 일할 때는 다른 거 못한대."

우울한 기분을 털어내려는지 예리가 고개를 흔들었다.

"그런데 컴퓨터 사용하는 것도 빈부 차이가 있을까?"

"가난한 집에는 컴퓨터 없겠지? 인터넷도 못 하겠네."

대현이 말했다.

"그럼 양극화가 거기에도 있는 걸까?"

"찾아보지 뭐."

"어떻게?"

"인터넷으로. 이거 얘기도 해야 하니까 집으로 가자."

재호가 선생님에게서 받은 자료 봉투를 들어 보였다.

집에 오니 예상대로 엄마는 없었다. 거실에 있는 컴퓨터 스위치를 켰다.

"괜찮아?"

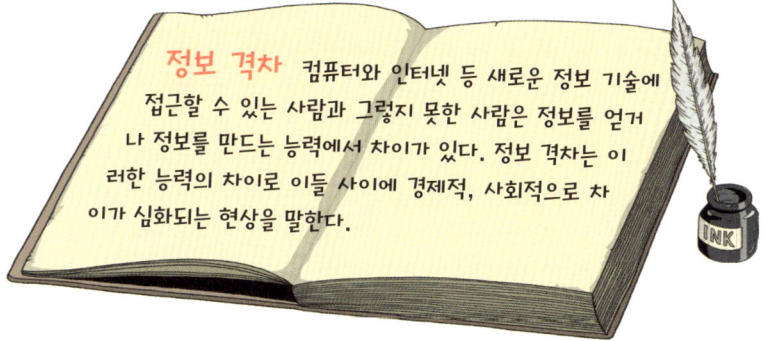

정보 격차 컴퓨터와 인터넷 등 새로운 정보 기술에 접근할 수 있는 사람과 그렇지 못한 사람은 정보를 얻거나 정보를 만드는 능력에서 차이가 있다. 정보 격차는 이러한 능력의 차이로 이들 사이에 경제적, 사회적으로 차이가 심화되는 현상을 말한다.

대현의 말이 조심스러웠다.

"괜찮아. 게임하는 것도 아닌데, 뭐."

컴퓨터 앞에 앉으며 재호가 말했다. 예리와 대현도 컴퓨터 앞에 둘러섰다.

"어떻게 찾아야 하지?"

인터넷 프로그램을 구동시키며 재호가 물었다.

"검색을 해 봐. '인터넷' 쳐 봐."

대현이 말했다.

"아냐. 그러면 너무 범위가 넓어. '인터넷 이용' 해 봐."

예리가 말했다. 재호가 검색 창에 '인터넷 이용'이라고 썼다. 잠시 후 '인터넷'과 '이용'이라는 말이 들어 있는 글 목록이 잔뜩 화면에 떠올랐다. 그중 몇 개를 골라 마우스를 눌러 봤다. 모두 찾는 내용이 아니었다.

"범위가 너무 넓은가 봐. 다시 검색해 봐."

대현이 말했다.

"'소득별 인터넷 이용' 해 봐."

예리의 말대로 재호가 다시 타이핑을 했다. 잠시 후 새로운 글 목록이 화면에 나타났다. 그중 세 개의 단어가 모두 들어 있는 글을 찾아 들어가 봤다. 누군가의 블로그였다. 우리나라 인터넷 이용 실태에 대한 간단한 내용이었다. 소득별로 차이가 있다는 내용이 있을 뿐 얼마나 차이가 있는지는 알 수 없었다. 창을 닫으려는데 예리가 말했다.

"여기에 가 보면 되겠다."

예리가 손가락으로 가리킨 곳을 보니 과학 기술 정보 통신부의 자료를 참조했다는 출처 설명이 있었다.

"과학 기술 정보 통신부에서 조사한 게 있네. 저기 가면 뭔가 있을 거야."

대현이 재호의 어깨를 흔들었다.

과학 기술 정보 통신부 사이트를 찾아 '인터넷 이용 실태'를 검색해 봤다.

"이거다, 이거."

예리가 손가락으로 짚은 곳에 '2019 인터넷 이용 실태 조사 결과'라는 제목이 있었다. 마우스를 눌러 첨부 파일을 다운로드 받았다. 조사 보고서 차례를 보니 '인터넷 접속'이라는 제목 아래 성별, 연령별, 직업별 등 인터넷 이용률이 실려 있었다. 그중에 '가구 소득별 인터넷 이용률'이라는 제목이 눈에 들어왔다.

"여기 있다."

마우스를 움직여 가는데 대현이 재호의 손을 잡았다.

"왜?"

"이거 봐. 가구 소득별 컴퓨터 보유율이래."

"어, 그러네. 400만 원 이상 버는 집은 아주 높아. 94퍼센트. 근데……."

"역시. 100만 원 밑으로 버는 집은 31퍼센트밖에 안 되네."

예리가 고개를 끄덕였다.

"이것만 봐도 알 수 있잖아? 소득이 낮은 집은 인터넷 이용이 적을 수밖에 없어. 그만큼 차이 나겠지."

대현이 예리와 재호를 보며 말했다.

"인터넷은 집에서 컴퓨터로만 하는 게 아니잖아? 스마트폰도 있고……."

재호가 중얼거리듯 말했다.

다시 마우스를 움직여 '가구 소득별 인터넷 이용률'을 찾았다. 소득별로 2018년과 2019년을 비교한 표였다.

"역시 소득별로 차이가 많이 나네."

예리가 말했다.

"그러네. 인터넷 이용하는 거에도 양극화가 있네."

재호가 컴퓨터 앞에서 벗어나며 말했다.

"인터넷 이용이 적다는 건 그만큼 정보에 뒤처지는 거 아냐?"

예리와 함께 거실 소파로 가며 재호가 말했다. 대현이 컴퓨터 앞에 앉았다.

"지금은 정보화 사회라서 정보가 있어야 성공한대. 정보가 늦으면 남

한테 뒤처진대."

"아무래도 인터넷 이용이 적으면 사회에서 지금 뭐가 중요한지, 앞으로 뭐가 필요한지 그런 정보를 얻기 힘들 거야. 그런 정보를 빨리 얻는 사람이 유리하겠지."

"그래서 부자들은 더 부자가 될 수 있는데, 가난한 사람은 계속 뒤처질 수 있다는 거네."

"지원이가 말한, 신문하고 책 보는 차이도 그런 거겠다."

재호가 찜찜한 얼굴을 했다.

"신문 보는 것도, 또 독서하는 것도 다 정보나 지식을 얻는 거잖아. 그런 데서도 양극화가 있는 거야."

"돈 버느라 힘들어서 정보를 늦게 얻거나 못 얻고, 그래서 또 뒤처지게 되고……. 음……."

재호가 심각한 얼굴을 했다. 지원의 얼굴이 떠올랐다 사라졌다. 그런

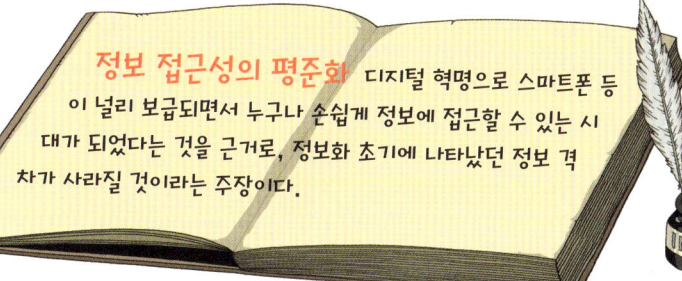

정보 접근성의 평준화 디지털 혁명으로 스마트폰 등이 널리 보급되면서 누구나 손쉽게 정보에 접근할 수 있는 시대가 되었다는 것을 근거로, 정보화 초기에 나타났던 정보 격차가 사라질 것이라는 주장이다.

면만 있을까? 다르게 생각해 볼 여지는 없는 걸까? 그때 대현이 컴퓨터 화면을 보면서 말했다.

"여기 재미있는 거 많아. 인터넷 이용률이 학력별로도 차이가 있어. 대학 졸업한 사람이 훨씬 높아."

재호와 예리가 마주 보며 픽 웃었다.

소득은 문화에 영향을 주나

"문화는 사람들의 정신을 발달시키고 즐거움도 주지만, 사회에서 살아가는 처지를 정하기도 합니다. 소득의 크기에 따라 사회에서 처지가 다른 것처럼 소득에 따라 즐기는 문화가 다릅니다. 소득 수준이 높은 사람은 문화 활동도 많이 하고, 고급스럽고 우아한 문화를 즐깁니다. 하지만 소득 수준이 낮은 사람은 그런 문화를 접하기 힘들며, 문화생활 자체가 어렵습니다. 이렇게 우리 사회에는 문화의 양극화가 있습니다. 문화의 양극화는 사회를 옛날의 상민과 양반처럼 나누게 됩니다. 그래서 문화에도 복지가 필요합니다."

토론 대회가 시작되고 사회 복지 팀에서 건오가 발표문을 차분히 읽었다. 사회를 양반과 상민처럼 나눈다는 말에 교실의 아이들이 술렁거렸다. 발표를 들으며 메모를 하던 예리가 고개를 들어 건오의 얼굴을 힐끔 쳐다보았다.

"자, 조용. 좋아요. 재미있네요. 다음은 경제 성장 팀."

선생님 말에 대현이 기다렸다는 듯이 자리에서 벌떡 일어났다.

"문화에는 여러 가지가 있습니다. 음악이나 무용도 있고, 영화도 있습니다. 어떤 사람은 미술을 좋아하고 어떤 사람은 연극이나 문학을 좋아할 수도 있습니다. 어떤 문화는 돈이 별로 안 들지만 어떤 문화를 즐기는 데는 많은 돈이 들 수도 있습니다. 돈이 많이 드는 문화가 더 좋고, 돈이 안 드는 문화가 나쁜 것은 아닙니다. 문화 활동은 모두 우리의 정신을 발달시키는 데 도움을 줍니다. 자기의 취향과 여건에 따라 하면 되는 것이고 관심이 없을 수도 있습니다. 그런 걸 나라에서 지원하는 것은 옳지 않습니다."

대현이 씩씩한 목소리로 경제 성장 팀의 입장을 발표했다. 대현의 발표가 끝나자마자 사회 복지 팀의 인경이 손을 들었다. 손뼉을 치던 아이들이 어색하게 손을 내렸다.

"인경이가 급하네. 그래요. 곧바로 토론을 해 봅시다."

선생님이 말했다.

"경제 성장 팀은 문화는 자기 취향과 여건에 따라 하면 된다고 합니다. 그렇지만 그게 사람들 소득에 따라 달라지는 것을 몰라서 그런 겁니다."

대현의 눈이 꿈틀했다.

"2018년에 조사한 걸 보면 한 달 소득이 600만 원을 넘는 집은 92퍼센트가 예술 행사를 관람한 경험이 있습니다. 하지만 100만 원이 안 되는 사람들은 43퍼센트 정도가 관람 경험이 있다고 합니다."

인경이 표가 그려져 있는 종이판을 꺼내 들었다. 선생님에게서 받은 자료에 있는 여러 표 중 하나였다. 대현이 피식 웃었다.

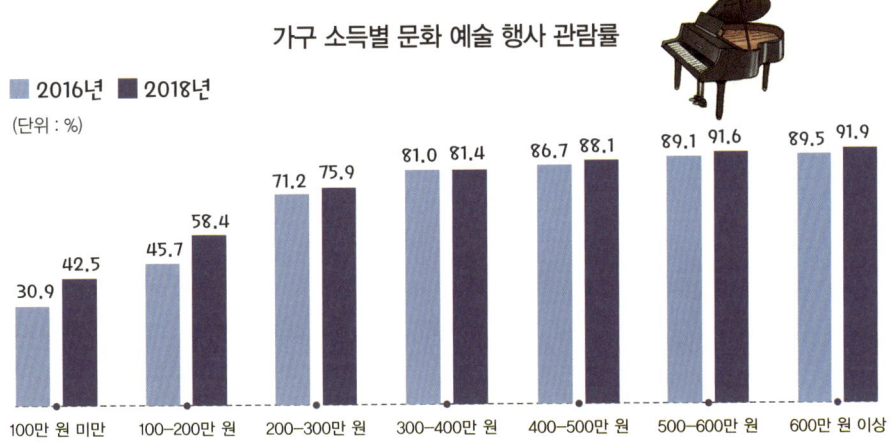

"그것만 보면 안 되고 다른 것도 봐야 합니다."

지난 준비 모임에서 정리한 자료를 대현이 꺼내 들었다.

"이것도 2018년에 조사한 건데, 여기를 보면 서양 음악, 무용, 전통 예술 같은 예술 행사를 가 본 사람은 소득이 많거나 적거나 별 차이가 없어요. 관람 횟수가 다 1회가 안 돼요."

대현이 마른 침을 삼키며 말을 계속했다.

"소득의 차이가 꼭 예술 행사를 가거나 못 가게 하는 차이인 건 아닙니다. 관심이나 취향이 다르기 때문이죠."

말 없이 대현을 바라보던 인경이 종이 더미를 뒤져 두툼한 서류를 하나 꺼내 페이지를 넘겼다.

"그건 맞아요. 하지만 영화 본 횟수를 보면 차이가 있어요. 소득이 가장 적은 집이 2회가 안 되는데, 가장 많은 집은 그 세 배나 되잖아요. 가난한 사람들은 영화를 안 좋아한다고 생각해요?"

인경이 대현을 노려보며 말했다.

"만 원 정도의 영화비가 없어서 보지 못한다고요?"

"영화관 요금만 문제가 아니라 그럴 여유가 없어서죠."

"그거보다 거기 다른 조사를 보십시오."

경제 성장 팀 대현이 인경의 손에 있는 서류를 가리켰다.

"예술 행사를 관람하고 싶냐고 물었을 때 소득이 적은 사람은 8퍼센트만 그렇다고 합니다. 소득이 높은 사람은 20퍼센트가 보고 싶다고 그러는데……. 소득 차이보다는 관심이 없거나 취향이 달라서 그런 겁니다."

"소득 낮은 사람들이 왜 관심을 못 갖는지를 생각해야죠."

사회 복지 팀 건오가 말했다.

"소득 때문이라고요?"

"관심이 없어서가 아니라 관심을 못 갖는 겁니다. 여유가 없어서. 그래서 영화 보는 게 그중 비용이 적게 들어도 못 보는 사람이 많은 거예요."

건오의 손이 허공에서 춤을 추듯 흔들렸다. 재호가 대현의 귀에 무언가 소곤거렸다. 대현이 고개를 끄덕이자 재호가 준비한 종이판을 들어 올렸다.

"아까 예술 행사 관람 의향이 소득 크기에 따라 다르다고 했지만, 이것도 봐야 해요. 학력이 높은 사람은 관람 의향이 많은데, 학력이 낮은 사람은 그보다 적어요."

"학력이 낮은 건 소득이 낮은 거랑 연관이 있으니 같은 얘기죠."

건오가 코를 찡그리며 말했다.

"더 들어봐요. 나이 든 사람보다 젊은 사람이 더 관람 의향이 많고, 사업하는 사람보다 월급 받는 사람이 더 많아요."

설명을 마친 재호가 침을 삼켰다.

"그런데요?"

사회 복지 팀 인경이 의심쩍은 얼굴을 했다.

"예술 행사를 보러 가고 싶은가는 소득에 따른 차이도 있지만, 다른 이유에 의한 차이도 있는 거예요. 그중에서 소득 차이만 강조하는 건 옳지 않아요."

사회 복지 팀 아이들이 심각한 표정으로 얘기를 주고받았다. 재호의 얼굴에 자신감이 떠올랐다. 사회 복지 팀 지원이 입을 열었다.

문화 예술 행사 직접 관람 걸림돌

(단위 : %)

가구소득별	시간 부족	비용이 많이 듦	관련 정보 부족	관심 프로그램 없음	가까운 곳에 시설 없음	편의시설 불편	교통 불편	함께 관람할 사람 없음	기타
100만 원 미만	8.5	24.8	10.3	15.7	18.3	0.6	13.3	5.3	3.2
100 – 200만 원	20.1	22.3	9.9	17.1	15.6	1.4	9.1	3.4	1.1
200 – 300만 원	29.6	24.2	8.8	15.2	11	2.2	5.5	2.5	1
300 – 400만 원	32.3	24.6	9.3	14.5	8.8	3.2	4.5	1.4	1.5
400 – 500만 원	34.8	25.8	9.6	14.4	6.9	1.4	4.7	0.8	1.5
500 – 600만 원	34.5	24	9.1	17.3	6.4	2.1	3	1.6	2
600만 원 이상	32.4	24.3	10.7	13.8	8.4	2.5	5.1	1	1.8

"예술 행사 보러 가는 걸 어렵게 하는 걸림돌로 소득 낮은 사람은 비용 부담을 가장 많이 얘기해요. 소득 높은 사람은 시간 부족이 가장 많은데. 소득 적은 게 문화 예술에 관심 갖기 어렵게 하는 원인인 건 부정할 수

없어요."

"비용 걱정을 하는 비율은 서로 차이가 없는데요?"

재호가 퉁명스럽게 말했다.

"각각의 이유가 그렇다는 거지, 예술 행사 보는 데 소득 적은 사람이 돈 문제를 덜 겪는다는 게 아닙니다."

"그러니까요. 소득 많은 사람들도 돈 때문에 어려움이 있다는 거예요. 비용의 문제는 소득이 많거나 적거나 다 있는 거죠."

"비용 문제가 같은 게 아니에요. 소득 많은 사람들도 비싼 예술 행사를 보는 건 부담이 되겠죠. 영화 보는 거는 부담이 없겠지만 저소득층은 그것도 부담이 되는 겁니다."

지원의 눈이 재호와 종이판 사이를 빠르게 움직였다.

"저소득층은 돈 문제 다음으로 관심 가는 프로그램이 없다는 이유가 높아요. 정보 부족 문제는 고소득층하고 별 차이가 없지만. 그니까, 관심이 더 적은 거죠."

재호가 말했다.

"근처에 문화 시설이 없는 거나 교통 불편은 소득이 낮기 때문에 예술 행사에 접근하기 어렵다는 거예요."

"같이 보러 갈 사람이 없어서라는 건요? 그게 다 관심과 열의가 낮아서 그런 거죠."

"잠깐, 거기까지 하는 게 좋겠네요."

지원과 재호의 의견이 팽팽히 맞서자 선생님이 나섰다.

"두 사람의 토론이 통계를 어떻게 볼까를 놓고 맞서고 있고, 각각의 주장에 일리가 있기도 해요. 그렇지만 하나의 통계만으로 사회 현상을 설명하는 건 무리예요."

선생님이 펜으로 재호가 들고 있는 표를 가리키며 말했다.

"소득 차이가 문화 예술을 즐기는 데 어떤 영향을 얼마만큼 주는지는 두 사람이 논쟁을 벌인 표만으로는 알 수가 없어요. 그 표는 사람들이 답한 결과를 소득별로 나눠 놓은 것일 뿐이에요. 그걸 어떻게 해석할지는 다른 조사들과 연관해서 봐야죠."

선생님이 토론 팀을 번갈아 보았다.

가난한 문화, 부자 문화

"다른 주제로 넘어가는 게 좋겠는데……. 사회 복지 팀이 발표한 것에 대해 경제 성장 팀에서도 할 말이 있을 것 같아요."

선생님이 경제 성장 팀을 보며 말했다.

"사회 복지 팀은 문화 양극화가 심해 사회가 양반과 상민처럼 나눠진다고 합니다. 소득에 따라 문화의 차이가 있다고 해도 그걸 옛날의 양반과 상민처럼 된다고 하는 건 사회를 분열시키는 말입니다."

메모한 종이를 보며 예리가 말했다.

"분열?"

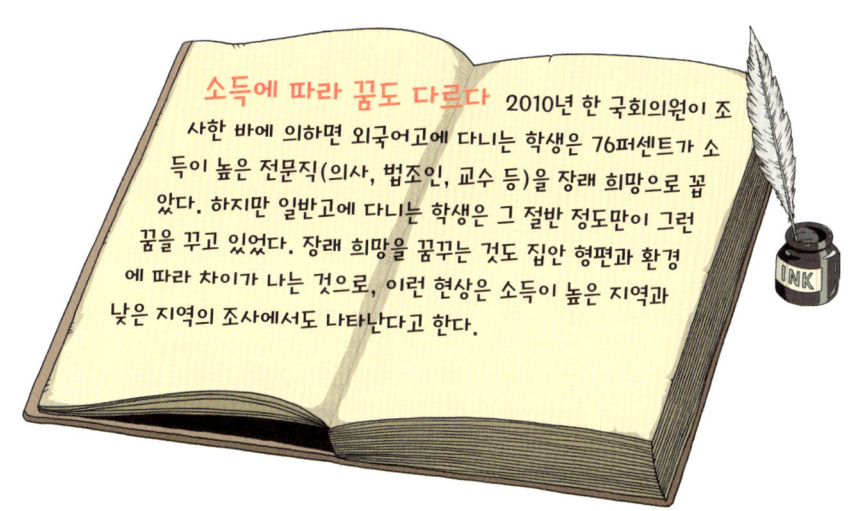

소득에 따라 꿈도 다르다 2010년 한 국회의원이 조사한 바에 의하면 외국어고에 다니는 학생은 76퍼센트가 소득이 높은 전문직(의사, 법조인, 교수 등)을 장래 희망으로 꼽았다. 하지만 일반고에 다니는 학생은 그 절반 정도만이 그런 꿈을 꾸고 있었다. 장래 희망을 꿈꾸는 것도 집안 형편과 환경에 따라 차이가 나는 것으로, 이런 현상은 소득이 높은 지역과 낮은 지역의 조사에서도 나타난다고 한다.

사회 복지 팀 건오가 긴장한 얼굴을 했다.

"소득이 낮은 사람은 클래식 음악회나 미술에 관심이 적습니다. 역사 문화 유적지에 가 본 경험이나 문화 예술 시설을 이용해 본 경험에서도 소득에 따라 차이가 납니다."

"소득에 따라 좋아하는 문화가 다를 수 있어도, 그게 무슨 신분 차이인 것처럼 말하는 건 옳지 않습니다. 그건, 그냥 취향이 다른 거죠."

"취향이 다르기 때문이라고 해도, 그게 왜 소득에 따라 차이가 나는지를 생각해야죠."

"그렇다고 해도 양반과 상민의 차이라는 건 옳지 않습니다. 소득이 많다고 양반 되는 것도 아니고, 그런 사람들이 좋아하는 문화라고 해서 고급이 되는 건 아닙니다."

매서운 기세로 예리가 말했다. 건오의 표정도 흔들림이 없었다.

"일반 사람들이 많이 좋아하지 않는 클래식 음악이나 무용, 미술 같은 걸 고급문화라고 하잖아요."

"그런 거 아니면 저급 문화예요?"

예리의 입가에 차가운 미소가 지나갔다.

"그게 아니고, 옛날에 귀족들이 했고 지금은 소수 사람들이 해서 그렇게 부를 뿐입니다. 부유한 사람들이 이런 문화를 더 가까이 한다는 걸 앞에서 봤잖아요?"

표정 변화 없이 건오가 말했다.

"그래서 양반이라고요?"

"비유를 그렇게 한 겁니다. 조선 시대에 사회가 양반과 상민으로 구분돼서 그게 대물림되는 것처럼 문화가 그렇게 된다는 겁니다."

"대물림? 그건 문화를 너무 고정시켜 보는 거 아니에요? 부모가 클래식이나 오페라를 좋아하면 그 아이들도 그걸 좋아하게 될 수도 있지만, 반드시 그렇게 된다고 할 수는 없어요."

"고급문화라 불리는 예술 행사는 경제적으로 여유가 있는 집에서 그런 교육을 받거나 경험을 한 사람이 더 많이 할 수 있는 거죠. 대중문화처럼 쉽게 접할 수 있는 게 아니니까요."

사회 복지 팀 건오가 말했다.

문화 바우처 문화 복지의 하나로, 저소득층이 공연 및 전시회 입장권 및 책 등을 구입하는 것을 돕기 위해 정부가 비용의 50퍼센트를 부담하는 제도이다.

"돈 많은 집도 아니고, 그런 경험이나 교육을 받은 적이 없으면 클래식 음악이나 미술 같은 거 못 한다는 얘기네요."

"그게 아닙니다. 앞에서 본 차이들은 소득뿐만 아니라 학력별로도 차이가 있잖아요. 소득이나 학력이 높을수록 그럴 가능성이 더 높고, 그렇게 되고 있다는 겁니다."

"오페라 보고 발레 본다고 특별한 사람이 되는 건 아닙니다."

"특별한 사람이 된다는 게 아니에요. 그런 문화를 경험한 사람이 그런 문화를 만들 수 있어요. 문화가 중요해지는 시대에 사회에서 성공하려면 그런 경험이 있나 없나에 따라 차이가 생기는 겁니다."

예리가 말이 없자 같은 팀 재호가 입을 열었다.

"그래서 문화 복지를 해야 한다는 거예요?"

"네. 여러 예술 행사 경험을 할 수 있도록 나라에서 지원해야 양극화가 줄어들 수 있습니다."

사회 복지 팀 인경이 재호의 말을 받았다.

"하지만 어떤 예술을 좋아할지는 사람마다 다른 거예요. 영화를 좋아할 수도 있고, 오페라를 좋아할 수도 있고…… 그런 걸 다 싫어할 수도 있죠. 나라에서 이거 해라, 저거 해라 할 수 있는 게 아닙니다."

"나라에서 정해 주는 게 아니라 하고 싶은 걸 할 수 있도록 지원해야 한다는 거죠."

"사람마다 관심이 다르고, 또 관심이 없을 수도 있는데, 나라에서 아무리 좋은 뜻으로 한다고 해도 그건 그 사람의 자유에 간섭하는 거죠."

"간섭이 아니라 지원이에요."

인경의 목소리가 날카로워졌다.

"국민들이 어떤 취미를 가질지, 할지 안 할지를 나라에서 나서면 그게 간섭이죠."

"문화 예술은 그냥 취미가 아닙니다. 정신을 발달시키고 사회를 배우

고 다른 사람들과 어울리게 하는 데 문화가 큰 역할을 합니다."

사회 복지 팀 지원이 재호를 보며 말했다.

"그렇다고 해도……."

재호가 지원의 말 사이를 파고들었으나, 지원이 말을 이어 갔다.

"대학 나온 사람끼리 어울리는 것처럼 돈 많은 사람들끼리 서로 어울릴 수 있도록 하기 때문에 문화는 사회에서 사는 지위를 정하기도 합니다."

"문화는 사람들이 자기 선택으로 하는 거고, 그걸 보장해야죠. 선택에 따라 결과가 다르다고 해도 나라에서 억지로 바꾸려고 하면 안 됩니다."

"억지로 뭘 시키는 게 아니에요. 돈이 없어서 그런 경험을 할 기회가 없는 사람들에게 기회를 주는 거예요."

갑자기 교실 안이 조용했다. 바닥에 무언가 끌리는 듯한 소리만 이따금 들렸다.

또 한 번의 토론회를 마쳤다. 처음보다는 울렁거리는 마음이 줄어들기는 했지만, 토론회가 거듭될수록 가슴 한편이 무거워지는 느낌이 들었다. 가끔 마음에 안 드는 부분이 있어도 자신이 맡은 경제 성장 팀 입장에 맞게 토론을 해야 하는 것은 이해가 됐다. 어떤 때는 경제 성장 팀의 주장이 옳은 것 같고, 어떤 경우에는 사회 복지 팀의 주장이 맞는 것 같아, 생각을 정리하기가 혼란스러운 것은 토론 대회가 거듭될수록 더 심해지는 것 같았다. '양극화'라는 말이 마치 고대의 무덤에서 발굴되어 뭔가 비밀을 안고 있는 유물처럼 생각되었다. 토론이 끝나면 그 모든 비밀이 풀릴까? 재호가 머리를 흔들었다.

함께 정리해 보기
문화·정보 양극화에 대한 쟁점

사회 복지 팀	논쟁이 되는 문제	경제 성장 팀
소득의 차이에 따라 문화생활의 정도와 내용에서 양극화 발생	문화 양극화	소득보다는 개인의 취향과 관심에 따른 차이
소득이 낮을수록 정보를 얻는 능력이 떨어져 뒤처질 수 있다.	정보 격차	디지털 혁명으로 저소득층의 정보 접근성 높아져 정보 격차 줄고 있다.
문화에 따른 계층 차이와 부의 대물림 현상 있다.	문화 대물림	문화의 차이는 계층 차이나 대물림과 상관없다.
저소득층이 다양한 문화 예술 경험할 수 있도록 나라에서 지원해야 한다.	문화 복지	개인이 자율적으로 선택할 문제이지 나라에서 나서는 건 간섭이다.

5장
건강 양극화

사회 복지 팀

인경   건오   지원

건강하지 않은 사람은 행복할 수 없어. 소득이 높은 사람은 자기 몸을 잘 관리하고 아파도 좋은 병원에 가서 치료를 받지만, 소득이 낮은 사람은 건강 관리를 못 하고 몸이 아파도 병원에 가기가 어려워. 시간이나 경제적 여유가 없기 때문이야. 건강해야 일을 열심히 할 수 있고, 그래야 사회에서 뒤처지지 않을 수 있어. 국민들이 치료비 부담 없이 병원을 이용할 수 있도록 하는 나라처럼 우리나라도 무상 의료를 해야 해.

경제 성장 팀

대현   재호   예리

건강은 평소 음식을 적당히 먹고, 꾸준히 운동을 해야 하는 거야. 그것은 각 개인이 자신의 건강을 지키기 위해 노력해야 하는 거지. 사람마다 건강에 차이가 있지만, 그것은 소득 때문이 아니라 건강에 대한 관심과 노력의 차이 때문이야. 우리나라는 뛰어난 의료 기술을 갖춘 병원이 많아. 누구나 몸이 아프면 언제든 치료를 받을 수 있어. 무상 의료는 불필요한 병원 이용으로 나라 살림을 어렵게 하고, 의료 수준을 떨어뜨릴 수 있어.

건강 양극화

소득에 따라 건강도 다른가?

"건강하지 않은 사람이 행복하기는 어렵습니다. 소득이 높은 사람은 자기 몸을 잘 관리하고 아파도 좋은 병원에 가서 치료를 받을 수 있지만, 소득이 낮은 사람은 건강 관리를 하기 어렵고 몸이 아파도 병원에 가기가 쉽지 않습니다. 시간이나 경제적 여유가 없기 때문입니다. 몸이 아파도 제때 치료를 받지 못해 건강을 잃는 경우가 많습니다. 건강이 재산이란 말처럼 건강해야 일을 열심히 할 수 있고, 그래야 사회에서 뒤처지지 않을 수 있습니다. 그래서 외국에서는 국민들이 치료비 부담 없이 병원을 이용할 수 있도록 무상 의료를 하고 있습니다. 우리나라도 그렇게 해야 합니다."

사회 복지 팀 인경이 발표를 했다.

 "무상 의료……. 사회 복지 팀이 세게 나왔네. 좋아요, 재미있는 토론이 되겠네요. 다음은 경제 성장 팀의 발표를 듣죠."

 선생님 말에 재호가 느릿하게 일어났다.

 "어, 건강은 평소 각 개인이 자신의 건강을 지키기 위해 노력해야 가능합니다. 우리나라는 의료 보험이 잘 되어 있고 뛰어난 의료 기술을 갖춘 병원도 많이 있어서 아프면 누구든 치료를 받을 수 있습니다. 소득에 차이가 있어서 크고 좋은 병원은 못 갈 수 있어도, 치료를 못 받는 것은 아닙니다. 사람마다 건강에 차이가 있지만, 그것은 소득 때문이 아니라 건강에 대한 관심과 노력의 차이입니다. 무상 의료는 불필요한 병원 이용이 늘어나 나라 살림을 어렵게 하고, 의료 기술이나 서비스 수준을 떨어뜨릴 수 있습니다."

 재호가 긴장이 풀리지 않은 얼굴로 자리에 앉았다. 같은 팀 대현이 어깨를 두드렸다.

 "자, 오늘 토론은 누구나 다 중요하다고 인정하는 건강의 양극화, 그러니까 소득에 따라 건강에 차이가 있냐는 거예요."

 선생님의 시선이 사회 복지 팀을 향했다.

 "아무래도 사회 복지 팀이 소득에 따라 건강에 차이가 있다는 주장의 근거를 먼저 제시해야 할 것 같은데……."

 "네. 분명한 근거가 있습니다."

 인경이 종이판을 하나 꺼내 들었다.

"여기 보면 소득별로 건강 상태가 어떤지를 알 수 있습니다. 소득이 높은 사람일수록 건강이 좋다고 하고 소득이 낮은 사람은 건강이 나쁘다고 하고 있습니다."

인경이 손가락으로 종이판의 표에 동그라미를 쳤다.

"그건 실제 조사를 한 게 아닙니다."

대현이 몸을 들썩거리며 말했다.

"무슨 말이에요? 2019년에 나라에서 조사한 건데. 사회 조사요."

인경이 어이없다는 표정을 지었다.

"사람들의 건강 상태를 실제로 조사한 게 아니라 의견을 물은 겁니다."

"뭐가 달라요? 자기 건강은 자기가 더 잘 알지."

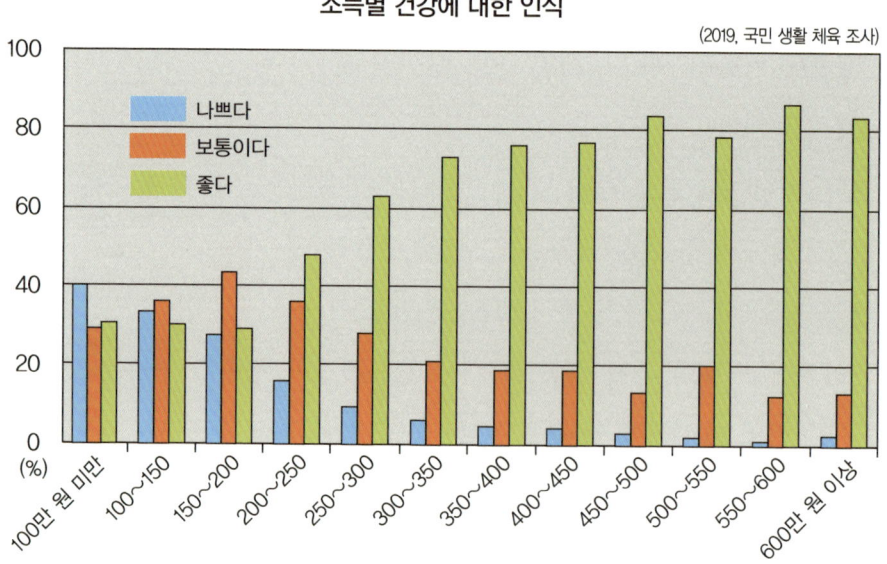

"그건 사람마다 다를 수 있어요. 다른 사람보다 건강하거나 차이가 없어도 자신은 건강하지 않다고 생각할 수 있는 겁니다."

"그렇다고 해도 그런 느낌이 소득별로 차이가 있는 건 사실입니다."

인경이 한발 물러서는 듯했지만 말투는 여전히 단호했다.

"소득이 낮은 사람은 힘들고 위험한 일을 많이 하는데 충분히 쉬지 못하기 때문에 건강이 안 좋은 겁니다. 그걸 자신이 느끼는 거고요."

"그건 말 그대로 느낌이에요. 느낌하고 실제하고는 다른 겁니다."

대현이 입술에 힘을 주었다. 인경의 눈이 흔들렸다.

"경제 성장 팀의 주장은 그 표가 사람들의 자기 건강에 대한 생각을 물은 주관적 조사이기 때문에 신뢰하기 어렵다는 건데, 다른 근거는 없나요?"

선생님이 사회 복지 팀을 보며 말했다.

"소득 낮은 사람의 건강이 더 안 좋다는 다른 근거가 있습니다."

사회 복지 팀의 지원이 말했다.

"비만은 많은 병을 일으키는 원인이 됩니다. 소득이 낮을수록 비만인 경우가 더 많아요. 특히 여성인 경우는 차이가 더 커요."

"남자들은 그 반대로 소득이 높은 사람일수록 더 비만이라는 것도 봐야 합니다."

경제 성장 팀 예리가 말했다.

"남녀 차이가 있지만 전체적으로 보면 소득이 적을수록 비만이 많은 건 맞잖아요?"

"소득이 많은지 적은지에 따라 비만인 경우가 다르다고 해도, 그게 소득이 적어서 비만이 됐다고 할 수는 없어요."

"소득 크기에 따라 분명히 차이가 있는데…… 무슨."

예리를 보는 지원의 눈이 매서웠다. 그런 시선을 예리도 피하지 않았다.

"소득에 따라 그렇게 다르다는 거지 그게 인과 관계에 있다고 단정할 수는 없어요."

"인과 관계는 아니라고 해도 영향이 있는 건 분명해요."

"소득도 영향이 있을 수 있지만, 다른 원인으로 비만이 될 수도 있어요. 먹는 거나 운동하는 거, 그러니까 개인이 얼마만큼 건강 관리를 하는가에 달린 거죠."

"개인이 관리를 하는 것도 소득에 따라 차이가 나니까 양극화가 있는 게 맞습니다."

예리와 지원의 서로를 톡톡 쏘는 듯한 논쟁으로 교실 안 분위기가 후끈 달아오른 느낌을 주었다.

가난하면 건강하기 힘든 이유

"토론을 건강 관리의 문제로 이어 가 봅시다. 건강 관리를 하는 것에도 양극화가 있다는 거죠? 사회 복지 팀 얘기는?"

선생님이 머리를 쓸어 올리며 말했다.

"네. 소득이 낮은 사람은 건강을 관리하기 어렵습니다. 바쁘게 일하다 보면 제때에 음식을 못 먹거나 인스턴트 음식을 많이 먹게 됩니다. 그러면서 규칙적으로 운동을 하기 어렵습니다."

사회 복지 팀 건오가 말했다.

"바쁘게 일하는 건 소득이 높은 사람도 마찬가지 아닌가요?"

경제 성장 팀에서 재호가 나섰다.

"뭐…… 그럴 수 있지만, 규칙적으로 운동을 한다든가, 그렇게 건강 관리 하는 건 소득이 낮은 사람에게는 어렵습니다."

"일이 바빠 운동 못 하는 건 다 비슷할 거고요. 그거야말로 건강을 위해 각 사람이 얼마나 노력하는가의 차이죠."

"나라에서 조사한 걸 보면 소득이 낮은 계층은 42퍼센트 정도 유산소 운동을 하는데, 고소득층은 50퍼센트가 그렇게 해요."

"8퍼센트 차이네요."

재호가 중얼거리듯 말했다.

"그렇다고 작은 게 아닙니다. 또 정기적으로 건강 검진을 받는 비율도 15퍼센트 정도 차이가 납니다."

"건강 검진은 나라에서 무료로 받을 수 있도록 하고 있습니다."

"먹고 사는 데 쫓겨 시간을 내기가 그만큼 어려운 사람이 더 많다는 겁니다."

"자기가 노력하면 얼마든지 할 수 있는 건데……. 자꾸 개인의 문제를 사회에 문제가 있는 것처럼 말하면 안 됩니다."

"개인이 노력해야 하는 건 맞지만, 그런 노력을 하기 어렵게 만드는 문제가 사회에 있는 겁니다."

사회 복지 팀 건오가 말했다. 같은 팀 지원이 고개를 끄덕였다.

"사회가 건강을 지키지 못하게 한다고요? 우리나라는 강제로 일을 시키는 사회가 아닙니다. 운동하는 걸 막지도 않습니다. 공원에 운동 시설도 많이 만들어 주잖아요."

재호의 목소리가 커졌다.

"일을 강제로 시키는 건 아니지만, 일을 많이 하지 않으면 살기 힘드니

까 몸이 힘들고 아파도 일해야 하는 거죠."

"열심히 일하는 건 다 마찬가지입니다. 소득 많은 사람이 일을 안 하는 게 아니잖아요? 일 때문에 힘든 건 다 똑같은 겁니다."

"하지만 소득이 낮은 사람들은 더 힘든 일을 하거나, 환경이 안 좋고 위험한 데서 일하는 경우가 더 많습니다. 그래서 공장이나 건설하는 데서 일하는 사람이 사무직보다 산재도 많이 당하고요."

건오가 말했다.

"그건 사고 나는 거잖아요?"

경제 성장 팀 대현이 퉁명스럽게 말했다.

"건강을 잃는 건 마찬가지죠."

건오가 대현을 보며 덤덤히 말했다.

"직업을 그렇게 선택해서 그런 거지 그게 양극화는 아닙니다."

"그런 힘들고 위험한 곳에서 일하면 스트레스도 많이 받고, 그것 역시 건강에 나쁜 영향을 줍니다."

"스트레스 받는 건 다 마찬가지입니다. 사회생활 하면 다 그렇다는

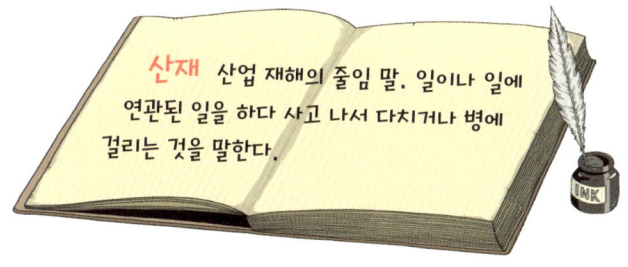

산재 산업 재해의 줄임 말. 일이나 일에 연관된 일을 하다 사고 나서 다치거나 병에 걸리는 것을 말한다.

데……. 스트레스를 받는다고, 그게 꼭 건강을 해치는 것도 아니죠."

대현이 스트레스 받는 사람처럼 얼굴을 찡그렸다.

"힘들고 어려운 일을 하는 사람일수록 담배를 더 많이 피운다고 합니다. 우리나라에서도 소득이 낮은 사람이 담배를 더 많이 피웁니다."

사회 복지 팀 인경이 나섰다.

"담배요?"

대현이 놀란 얼굴을 했다. 교실의 아이들 몇몇이 키득거렸다.

"담배는 건강에 안 좋은 거지만, 일하는 게 힘들고 사는 게 어려워 스트레스를 많이 받기 때문에 소득이 낮은 사람이 더 많이 피우는 겁니다."

인경이 손에 들고 있는 종이를 보며 말을 계속했다.

"고소득층은 29퍼센트만 담배를 피우는데, 저소득층은 40퍼센트 정도가 담배를 피운다고 합니다. 여자는 차이가 더 많이 나요. 10퍼센트하고 3퍼센트…… 세 배가 넘네요."

"저소득층에서 담배를 더 피우는 이유가 스트레스 때문이라는 건 근거가 약합니다. 건강에 대한 관심이 적거나, 금연을 시키는 회사에 다니지 않기 때문일 수도 있죠."

대현이 이해할 수 없다는 얼굴을 했다.

"이유야 다르게 해석할 수도 있지만, 소득과 상관있다는 건 분명해요. 저소득층 여자가 더 담배를 피우는 것도 그렇게 생각할 수 있어요. 집안 살림도 하고 나가서 돈도 벌어야 하고……."

인경이 눈에 힘을 주었다. 여자들이 차별받는 것에 자주 흥분하던 인경의 평소 모습이 생각났다.

"세 배라고 하지만, 그렇게 큰 차이가 아닙니다. 7퍼센트 포인트 차이 잖아요? 남자들도 10퍼센트 차이 나는 거고요. 여자들 담배 피우는 게 소득 낮은 사람 열 명 중 한 명이란 것도 많은 게 아닙니다."

종이에 뭔가를 쓰던 경제 성장 팀 예리가 말했다.

"차이가 없는 게 아닙니다. 크든 작든 분명히 차이가 있죠."

인경이 예리를 보며 말했다.

"약간의 차이가 있다고 그게 큰 문제인 것처럼 말하면 안 됩니다."

"약간의 차이가 아니죠."

"차이가 있다고 다 문제가 아닙니다. 얼마만큼 차이가 있느냐를 따져 봐야죠. 운동하는 거나 건강 검진 받는 거, 흡연하는 차이도 그렇고, 다 별로 큰 차이가 아니잖아요."

예리의 말에 잠시 생각을 하던 인경이 말했다.

"단순히 차이가 있다거나, 그게 얼마만큼 큰지 작은지가 중요한 게 아닙니다. 그런 차이들이 왜 계속 소득에 따라 나는가를 봐야 합니다."

무상 의료는 공짜 의료?

"자, 좀 더 앞으로 나아가 봅시다. 사회 복지 팀이 발표할 때 무상 의료를 주장했는데, 아무래도 경제 성장 팀에서 할 말이 있겠죠?"

선생님의 시선이 사회 복지 팀을 돌아 경제 성장 팀에서 멈췄다.

"네. 그 전에 왜 무상 의료를 해야 한다고 보는지 근거를 들었으면 좋겠습니다."

경제 성장 팀 예리가 말했다. 선생님이 고개를 끄덕이며 사회 복지 팀을 보았다. 지원이 의자에서 등을 떼며 말했다.

"우리나라에서는 암으로 죽는 사람이 많은데, 고소득층은 암에 걸려도 5년 내에 죽는 경우가 12퍼센트인데, 저소득층은 39퍼센트나 됐다고 합니다. 암에 걸리는 것도 저소득층이 높은데 사망률도 높은 건 비용이 많이 들어 제대로 치료를 받지 못하기 때문입니다."

지원의 말에 예리가 고개를 갸웃거렸다.

"국민 건강 보험에서 암 걸린 사람한테 치료비를 내 주잖아요?"

"그렇지만, 워낙 많은 돈이 들고 보험 적용이 안 되는 치료도 많아서 병에 걸리면 어쨌든 치료비 부담이 큽니다."

"그래서 무상 의료를 해야 한다는 건가요?"

예리가 다짐을 받듯 말했다.

"네. 병원비가 없어서 치료를 받지 못하는 사람도 있고, 병을 오래 앓아 쌓여 가는 치료비를 감당하지 못해 치료를 포기하는 사람도 있습니다. 돈이 없어서 병원 치료를 못 받게 해서는 안 됩니다."

"저소득층에게는 이미 치료비를 주는 제도가 있어요. 정말 돈이 없어서 병원에 못 가는 사람들에 한해서 지원하면 되지 모든 사람에게 무상 의료를 할 필요는 없어요."

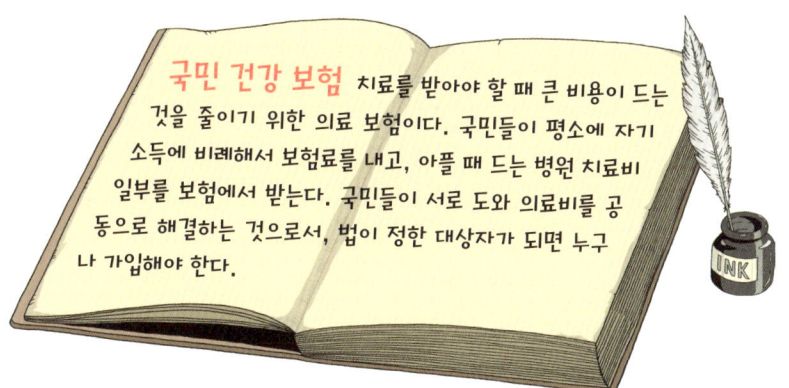

"지원받는 사람이 너무 적어요. 지원받지 못하는 사람들도 의료비 때문에 부담이 큰 건 마찬가지이기 때문에 그걸로는 양극화를 해결할 수 없어요."

"무상 의료를 하면 병원에 안 가도 되는데 병원 이용을 너무 많이 하게 됩니다. 나라에서 그 비용을 감당할 수가 없습니다."

"무상 의료를 한다고 아프지도 않은데 병원에 가지는 않습니다."

사회 복지 팀 지원이 턱을 치켰다.

"가벼운 자동차 사고가 나도 보상 받으려고, 가짜 환자가 아프지도 않은데 입원하고 그런다는데……."

"그런 건 무상 의료를 해서 그런 게 아니잖아요?"

"가짜 환자는 자기가 병원비 안 내니까 그러는 겁니다. 그러니 무상 의료를 하면 조금만 아파도 병원에 가려는 사람이 많아질 겁니다."

예리가 몸을 꼿꼿이 세웠다. 예리와 지원이 서로 떨어져 앉은 채 마치 몸싸움을 하는 것 같았다.

"가짜 환자는 조사해서 처벌하면 되는 거지, 그게 무상 의료를 할 수 없는 이유는 아닙니다. 무상 의료로 병원 다니는 사람이 늘어도 그건 가짜 환자 때문이 아니라, 그전에 아파도 돈이 없어 치료 못 받던 사람이 병원에 갈 수 있게 된 겁니다."

"어쨌든 공짜로 치료를 해 주면……."

"무상 의료는 공짜가 아닙니다."

예리의 말을 지원이 매섭게 끊었다. 예리의 얼굴이 벌겋게 달아올랐다. 선생님이 긴장된 얼굴로 두 사람을 번갈아 보았다. 선생님의 시선을 느낀 지원이 목소리를 낮췄다.

"자기가 내는 돈이 부담 안 될 정도로 아주 적을 뿐이죠. 그리고 무상 의료에 쓰이는 돈은 국민들이 낸 세금입니다."

"지금도 나라에서 지원을 해 주는데 무상 의료를 하면 나라에서 더 많은 돈을 써야 합니다. 결국 국민들의 세금 부담이 커집니다."

예리의 얼굴이 평소의 모습으로 돌아왔다.

"국민들 부담이 많이 커지는 게 아닙니다. 세금으로 미리 내고 아플 때 병원비 따로 안 내는 거니까요."

"세금으로 미리 내는 거라 해도 건강 관리 잘해서 아프지 않은 사람은 혜택 못 받고, 그렇지 않은 사람은 그 세금으로 치료받는 게 공평한 거예요?"

"누구나 살면서 언제든 병이 들 수 있고, 사고를 당할 수 있는 겁니다. 그래서 보험을 드는 겁니다. 내가 아프지 않을 때는 아픈 사람을 위해 쓰고, 내가 아플 때는 다른 사람이 낸 돈을 쓰고…….”

지원이 빠르게 말했다.

"그런 건 개인이 보험을 들어서 해결하는 거죠. 그렇게 세금을 쓰면 정작 나라에서 꼭 필요한 곳에 쓸 돈이 모자라게 됩니다. 경제 발전을 위해 투자도 해야 되는데…….”

"국민의 건강을 지키는 것도 나라에서 해야 하는 일입니다. 국민이 건강해야 나라도 건강해지는 거죠.”

"건강은 개인이, 자기가 지키는 겁니다. 나라에서 할 일은 그런 게 아닙니다.”

말을 마친 예리가 입술을 앙다물었다.

"무상 의료를 하면 의료 기술이 발전하지 못합니다.”

경제 성장 팀 대현이 말했다.

"더 많은 환자가 오도록 병원도 서로 경쟁을 해야 의료 기술이 발전하는데, 무상 의료를 하면 의사들도 나라에서 월급을 받고 병원에서도 투자를 안 하게 돼요.”

"꼭 경쟁을 해야 의료 기술이 발전하는 게 아니에요. 무상 의료를 하는 영국 같은 나라의 의료 산업 경쟁력은 우리나라보다 더 높아요.”

사회 복지 팀 인경이 말했다.

"경쟁을 안 하고 나라에서 관리를 하기 때문에 서비스도 떨어질 수 있어요. 환자들이 많이 기다려야 되는 건 무상 의료를 하는 영국 같은 나라들에서 유명하잖아요.”

"병원에서 기다리는 건 우리나라도 마찬가지죠."

인경이 퉁명스럽게 말했다.

"무상 의료를 안 해도 그런데 무상 의료를 하면 더 심해질 수 있죠."

경제 성장 팀 재호가 인경의 말을 받았다.

"그건 무상 의료를 해서 그런 게 아닙니다. 사람들이 의사한테 필요한 도움을 받을 수 있도록 시설도 늘리고 의사도 늘려야 하는데 나라에서 제때에 그렇게 안 해서 그런 거죠."

지원이 튕겨 나오듯 몸을 앞으로 하며 말했다.

"영국에서 그런 문제가 심각하다고 세계에 많이 알려져 있습니다. 영국 같은 선진국도 무상 의료 쪽으로 세금을 쓰기가 어려운 거 아니겠어요?"

예리의 말이었다.

"세금을 어떻게 쓰기로 결정하는가에 따라 달라지는 겁니다. 지금은 영국도 나라에서 투자를 많이 해서 훨씬 나아졌다고 합니다."

다시 지원이 말했다.

"무상 의료 하는 나라들에서 나라 재정이 어려워지고 의료 서비스가 불만족스러워서 해외로 나가는 사람이 많이 있어요."

"세계 보건 기구에서 조사한 걸 보면 의료에 대한 만족도는 무상 의료를 하는 영국, 스웨덴이나 미국이나 큰 차이 없어요."

"자, 거기까지. 무상 의료를 하는 나라들의 상태에 대해서는 여러 얘기들이 있어요. 각각의 관점에 따라 달리 해석될 수 있어서 그 얘기를 여기서 길게 하는 것은 적절하지 않아요."

시계를 보며 선생님이 말했다.

"건강의 양극화를 보는 것이나, 해결 방향을 얘기하는 데서 개인의 자율적 선택을 강조하는 입장과 사회 공동의 협력을 강조하는 입장의 차이가 드러나죠. 그 점을 잘 봐야 돼요. 음, 시간도 다 됐고, 오늘 토론은 여기서 마쳐야겠네요. 모두 수고했어요."

의료 보험을 민영화 하면

"아들! 영화 보러 갈래?"

방문을 열며 엄마가 말했다. 재호의 얼굴이 환해지며 의자에서 벌떡 일어났다.

"무슨 영화요?"

"가 보면 알아. 얼른 가자. 늦으면 자리 없을지 몰라."

서두르는 엄마를 따라 집을 나섰다. 아파트 입구를 나서 조금만 걸으면 버스 정류장이었다. 하지만 엄마는 정류장을 지나쳤다.

"버스 안 타요?"

"조금만 걸어가면 돼."

우리 동네에 영화관이 생겼다는 얘기 못 들었는데……. 큰길을 벗어나 한적한 골목길로 접어든 다음, 어느 건물 앞에 엄마의 걸음이 멈췄다. 영화관이라 하기에는 너무 작은 데다 상영되는 영화를 알리는 간판도, 매

표소도 보이지 않았다.

"여기가 영화관이에요?"

엄마가 씨익 웃으며 재호를 이끌었다. 건물 지하로 내려가니 어둑한 공간이 나오고, 벽 한쪽에 커다란 천이 걸려 있었다. 그 앞에 영화관에서는 볼 수 없는 의자들이 놓여 있었다. 나름대로 줄을 맞추고 있었지만 다른 의자들과 모양이 맞지 않는 의자도 있었다. 그곳에 사람들이 앉아 있었다. 엄마가 하얀 천이 걸린 벽 앞에 앉았다. 잠시 후 불이 꺼지고 영화가 시작되었다. 억울한 마음이 들었다. 팝콘도 없이 영화를 보다니…….

〈식코 sicko, 미국의 의료실태를 고발한 다큐멘터리〉라는, 제목도 이상한 영화였다. 엄청 뚱뚱한 남자가 나오자 엄마가 감독이라고 속삭였다. 자막 읽기가 힘들어 좀처럼 영화에 빠져들 수가 없었다. 이따금 웃음소리도 들리고 탄식도 들렸다.

영화가 끝나고 무슨 간담회를 한다고 했다. 어느새 의자가 치워지고, 과자와 과일, 음료수가 놓인 탁자로 사람들이 모여 앉았다. 엄마가 한 접시의 과자와 음료수를 재호 손에 들려 주고 탁자로 다가갔다. 심통을 내고 싶었으나 손은 과자 접시를 잡고 있었다. 영화 시작 전에 어른들을 따라온 듯한 아이들이 보였었는데, 지금은 아무도 보이지 않았다. 혼자서 과자를 먹고 있는데 누군가 다가왔다.

"어이, 꼬맹이."

영화 시작할 때 안내를 하던 남자였다.

"꼬맹이 아닌데요. 6학년인데요."

재호의 대답이 퉁명스러웠다. 남자가 얼굴에 웃음을 띤 채 재호 옆 의자에 앉았다.

"그래? 보기보다 많이 늙었네."

"아저씨보다 더요?"

남자가 낄낄대며 웃었다.

"영화 재미있었니?"

"저거 언제 끝나요?"

대답대신 사람들이 모여 앉은 탁자 쪽을 보며 재호가 물었다.

"간담회? 글쎄, 한 시간 정도 하겠지……. 더 할 수도 있고."

"무슨 얘기 하는데요?"

"의료 민영화에 대한 거……. 의료 보험을 민영화한다는 거지. 아까 영화 봤잖아. 거기 나오는 미국처럼 한다는 거야."

미국처럼? 무슨 기계에 손가락을 다쳤다는 얘기가 나온 것 같은데.

"미국은 의료 보험을 우리나라처럼 나라에서 운영하지 않고 민간 보험 회사에서 하고 있어. 그런데 기업은 돈을 벌기 위한 데잖아. 의료 보험을 기업에서 하면, 영화에서 본 것처럼 뚱뚱하다고 보험 가입 못 하게 하고, 아파서 병원 가도 치료비 잘 안 주려 하고……. 너도 과자 많이 먹으면 뚱뚱해진다."

재호가 입에 과자를 넣으며 말했다.

"전 끄떡없어요. 뚱뚱하면 왜 보험에서 안 받아 줘요?"

"뚱뚱하면 그만큼 병에 걸릴 가능성이 높으니까. 병을 오래 앓고 있는 사람이나 장애인도 안 받아 주지."

"그런 사람이 더 보험에 가입해야 되는 거 아니에요?"

"그렇지. 그런데 보험 회사는 돈이 나가니까, 그게 싫은 거지. 기업은 이윤 생기는 일만 하려고 하거든. 그래서 보험에 가입해도 막상 병원비를 줘야 할 때에는 핑계를 대고 돈을 안 주려고 하지."

"무슨 핑계요?"

"그 병은 보험 가입 안 된 거다 그래서 안 주고, 보험 가입할 때 조금이라도 아픈 거 얘기 안 했다고 안 주고 그러는 거지. 너 영화 안 봤구나?"

재호가 항의하듯 어깨를 세웠다.

"봤어요! 그런데 민영화를 하면 더 좋아지는 것도 있잖아요?"

"의료 기술이 발전하고 사람들이 자신이 원하는 보험에 자유롭게 가입할 수 있다고 찬성하는 사람들도 있지."

남자가 재호의 접시에서 과자 하나를 집어 들었다.

"의료 기술 발전하면 좋잖아요? 해외에서 우리나라로 의료 관광을 올 수도 있다던데……."

"의료 기술 발전이야 민영화 안 해도 가능하지."

"자유는 보장돼야 하는 거 아니에요? 자기가 들고 싶은 보험, 마음대로 선택할 수 있게?"

"돈 있는 사람들한테는 그게 좋을 수 있지. 지금은 국민 건강 보험에 다 들어야 하는데, 돈 많은 사람들은 의무적으로 가입 안 하고 자기가 원하는 보험에 들면 좋지. 시설 좋은 병원에서 비싼 치료도 마음대로 받고……."

"그럼 안 되는 거예요? 자기 몸 지키기 위한 건데……."

"국민 건강 보험에 의무적으로 들지 않아도 되는 게 민영화야. 그렇게 되면 돈 있는 사람들은 민간 보험으로 빠져 나가고 국민 건강 보험에는 가난한 사람들만 남게 될 수 있어."

"가난한 사람들만 남게 되면……?"

재호가 눈을 위로 치켜떴다.

"국민 건강 보험은 운영이 힘들어지지. 돈 많은 사람들이 보험료를 안 내니까."

"그럼 국민 건강 보험은 돈 많은 사람들이 내는 돈으로 하는 거예요? 그건 불공평한 거 아니에요?"

"가입한 사람 모두 보험료를 내지. 소득이나 재산에 따라 내니까 돈 많은 사람들이 더 내겠지. 그리고 나라에서도 세금으로 지원하고."

남자가 다시 접시 위의 과자를 집어 들었다. 재호의 눈이 과자를 따라 남자의 입으로 갔다.

"뚱뚱해진다 해 놓고……. 나라에서 지원하면 돈 많은 사람이 민간 보험으로 가도 상관없잖아요?"

"우리나라는 나라에서 지원하는 게 적어. 게다가 민간 보험으로 간 사람들이 왜 거기만 세금으로 지원하냐고 항의할 수도 있고……."

"항의를 왜 해요?"

"자기들 민간 보험에는 지원이 없는데, 국민 건강 보험에는 자기가 낸 세금이 가니까."

"나라에서 둘 다 지원해 주면 되잖아요?"

남자가 기분 나쁘게 웃었다.

"흐흐. 그러면 보험을 따로 할 필요가 없지. 우리나라는 지원을 잘 안 해. 그래서 국민 건강 보험에서는 보험 혜택을 안 주는 게 많고, 따로 자기가 내야 하는 돈도 많지."

"보험료 말고 따고 내는 게 있어요?"

"응. 그게 병원 치료비야. 우리나라는 많이 줄어서 30퍼센트야. OECD 국가 평균이 20퍼센트가 안 되는데. 그래서 사람들이 민간 보험을 드는 거야."

"개인 부담을 줄이면 그만큼 나라에서 나가는 돈이 늘어나는 거네요. 그럼 나라 살림이 어려워지는데, 사람들이 민간 보험에 많이 들면 그럴 위험이 없어지잖아요?"

"그렇게 되면 가난한 사람들은 아파도 병원 가기 더 힘들어질 수 있어. 그래서 난 반대야, 니 생각은 어때?"

재호를 내려다보는 남자의 표정이 진지했다.

병원은 경쟁하면 안 되나

"그럼 영리 병원 짓는 것도 반대겠네요?"

남자가 당연하다는 얼굴로 고개를 끄덕였다.

"'영리'라는 말이 이익을 얻는다는 거야. 돈을 벌기 위해 병원을 하는 걸 말하지."

"어? 지금도 병원 가면 돈 받는데……?"

"돈을 안 받는 게 아니라, 병원을 돈벌이 하는 데 못 쓴다는 거지."

이해가 가지 않는다는 듯 재호가 얼굴을 찌푸렸다.

"지금은 병원에서 번 돈을 병원에 다시 써야 되거든. 그런데 영리 병원이 되면 그 돈을 다시 병원에 투자하지 않고 더 많은 돈을 버는 데 쓸 수 있어."

"그게 나쁜 거예요? 의사도 그렇고 병원에서 일하는 사람도 돈을 벌어야 하지 않나……."

"영리 병원이 되면 병원은 국민 건강 보험 환자를 안 받을 수 있어."

"왜요? 환자를 많이 받아야 돈을 벌잖아요?"

"국민 건강 보험 환자한테는 돈을 많이 못 받아. 정한 걸 넘게 받으면 조사를 받게 되거든. 그런데 민간 보험에 든 환자한테는 그런 제한이 별로 없어."

"민간 보험에는 부자들이 많이 가입하니까?"

"그렇지. 돈이 많은 사람들은 국민 건강 보험 안 하고 민간 보험에 들어 자기가 원하는 치료를 마음껏 받을 수 있겠지. 영리 병원도 그런 사람을 환자로 받는 게 많은 돈을 벌 수 있게 되니 좋을 테고……."

"가난한 사람들은……?"

"병원이 가난한 사람들 치료하는 걸 피하면 아파도 제대로 치료를 못 받게 되겠지."

남자가 심각한 얼굴을 했다.

"영리 병원을 하면 병원이 서로 경쟁해서 의료 기술도 발전하고 시설도 좋아진다고 하던데, 그건 맞는 말 아니에요?"

"우리나라 의료 기술은 이미 세계에서 알아주는 수준이야. 큰 병원도 많고, 실력 있는 의사도 많고, 최신 의료 장비도 아마 세계 1등일걸."

"병원들이 서로 경쟁해서 그런 거 아니에요?"

"그런 면도 있겠지. 하지만 병원이 경쟁을 심하게 하면 돈이 되는 치료만 하려고 하게 돼."

"왜요?"

"영리 병원은 돈을 벌기 위한 거야. 투자한 거 이상으로 이익이 나야 하는 거지. 그래서 돈을 얼마든지 쓸 수 있는 사람만 환자로 받고 그렇지 못한 사람은 피하려 할 수 있어."

"그건 너무 나쁜 쪽으로만 보는 것 같은데……. 병원이 환자를 거부 못하게 하면 되지 않나?"

재호가 고개를 갸웃거렸다.

"병원이 돈 버는 경쟁을 하면 그렇게 될 수 있다는 거야. 지금도 병원에서 필요 없는 치료 시키고, 비싼 의료 장비를 쓰게 하는 일이 있는데 영리 병원이 되면 더 심해지겠지."

"돈 버는 경쟁이 나쁜 건가……. 돈을 많이 벌어야 병원도 더 크고 좋게 할 수 있잖아요?"

"그래도 사람 목숨을 두고 돈 버는 경쟁을 하는 건 좀 그렇지 않니?"

"그래도 경쟁을 해야 병원도 크게 짓고, 좋은 의사도 많이 뽑고, 어, 환자한테도 더 잘하는 거 아니에요?"

"영화에서 본 미국처럼 되겠지. 미국 사람이 캐나다 가서 치료받는 거 봤지? 엄청 크고 좋은 병원에 훌륭한 시설 있어도 돈이 없거나 싼 보험 든 사람은 치료받을 수 없어."

영화에서 두 손가락 잘린 사람이 하나만 붙이는 수술 받는 게 의료 보험이 없어서였었나? 집중해서 자세히 볼걸 하는 후회가 들었다.

"아들!"

모임이 끝났는지 어느새 엄마가 다가와 있었다.

"고마워요. 우리 애랑 놀아 주느라 힘들었죠?"

"아니에요. 재미있는 얘기 많이 했어요. 아주 똑똑한데요."

엄마와 남자가 상냥하게 얘기를 나누었다. 사람들이 하나둘 이상한 극장을 빠져 나갔다. 엄마와 함께 거리로 나섰다.

"아저씨랑 재미있는 얘기 많이 했어?"

엄마가 다정한 미소를 지으며 물었다.

"뭐, 그냥요."

엄마에 대한 배신감이 남아 있어 대답이 친절하게 나오지 않았다. 그래도 머리를 부드럽게 쓰다듬는 엄마의 손길이 싫지는 않았다.

엄마와 집으로 돌아오는 길에 영화에 나온 뚱뚱한 감독의 말이 생각났다. 경찰도, 소방서도 그리고 도서관도 무료로 이용하는데 병원은 왜 무료로 할 수 없냐고. 하긴 경찰이나 119 부를 때마다 돈을 낸다는 건 이상하다. 세상에 그런 나라가 있을까? 사람들이 안전하게 살려면 경찰도 소방관도 꼭 있어야 한다. 그건 의사도 마찬가지다. 병원에 가면 돈을 내는 게 당연하고 전혀 이상하지 않았는데, 그게 당연하지 않을 수도 있다는 게 신기했다. 영화에서 무료로 하는 건 사회주의라고 반대하던 미국 사람들이 생각났다. 인터뷰하던 영국 사람은 무상 의료를 없애면 혁명이 일어날 거라고 했다. 혁명? TV에서 보여주던 4.19와 6.10 항쟁 화면이 떠올랐다. 우리나라도 초등학교와 중학교는 의무 교육이라 교육비가 공짜라는데 그거 할 때도 사회주의라 안 된다고 시위 했었나……. 엄마한테 물어볼까 하다 아직은 더 화난 것처럼 보이고 싶어 참았다.

함께 정리해 보기
건강 양극화에 대한 쟁점

사회 복지 팀	논쟁이 되는 문제	경제 성장 팀
소득 수준에 따라 건강 상태와 건강 관리에 차이	건강 양극화	소득의 차이가 아닌 개인의 관심과 노력의 차이
아픈 사람 모두 병원비 걱정 없이 진료받도록 해야 한다.	무상 의료	불필요한 병원 이용이 늘어 나라의 세금 부담이 커진다.
이익이 되는 병과 환자만 진료해 부자들만 혜택 본다.	영리 병원	병원 간 경쟁으로 의료 기술 발전과 의료비 낮춘다.
고소득층을 위한 보험으로 국민 건강 보험을 약화시킨다.	의료 보험 민영화	보험 선택을 자유롭게 해 국민 건강 보험을 보완한다.

6장
주거 양극화

사회 복지 팀

인경   건오   지원

의·식·주의 하나인 집에도 양극화가 있어. 집이 많은 사람과 없는 사람, 환경이 좋은 집에 사는 사람과 환경이 나쁜 집에 사는 사람이 나뉘어 있는 거야. 이런 양극화는 소득의 차이 때문에 일어나. 소득이 많은 사람은 비싸고 좋은 집에 살지만, 소득이 적은 사람은 허름하고 좁은 집에서 살아. 집을 가진 사람들이 집을 돈 버는 수단으로 이용하기 때문에 집의 양극화는 다른 생활에서 양극화를 일으키는 원인이 되고 있어.

경제 성장 팀

대현   재호   예리

가난한 사람들이 집 때문에 힘든 건 사람은 늘어나는데 집이 부족하기 때문이야. 더 많은 집을 지으면 양극화는 해결돼. 재개발을 해서 깨끗한 새 집을 많이 지으면 누구나 좋은 주거 환경에서 살 수 있어. 집을 많이 갖고 있다고 잘못된 건 아니야. 상점에 상품이 많다고 나쁘다고 할 수 있어? 집을 이용해 돈을 버는 게 나쁜 것도 아니지. 당장 집을 사기 어려운 사람들에게 집을 빌려 쓰게 하는 이점도 있어.

주거 양극화

종이 상자는 집인가 아닌가

학원에서 나와 버스를 타기 위해 지하도를 걷는데 저만치서 말다툼하는 소리가 들렸다. 어떤 할아버지와 남자가 싸우고 있었다. 때에 전 모자를 쓴 할아버지도 그렇고, 나이를 알 수 없는 얼굴에 심하게 헝클어진 머리와 수염, 몇 번의 계절이 지난 듯한 옷을 입고 있는 남자도 예사롭게 보이지 않았다. 두 사람은 서로 커다란 종이 상자 한쪽씩을 잡은 채 실랑이를 하고 있었다.

"글쎄, 이거 놔! 내가 주운 거야."

할아버지가 신경질적으로 말했다.

"주운 거 아냐. 내 거 가져가는 거야."

남자는 비틀거리는 듯 불안하게 서 있었지만 종이 상자를 꼭 붙들고 놓지 않았다.

"뭔 소리야. 내가 저기서 주웠는데. 얼른 놔, 가야 돼."

"내놔! 남의 거 가져가는 도둑놈."

"뭐! 도둑놈? 노숙이나 하는 주제에……. 이건 내 밥벌이야!"

"이건 내 집이야!"

두 사람의 말이 점점 거칠어지면서 몸싸움으로 나아갈 기세였지만, 아무도 말리는 사람이 없었다. 평소처럼 지하도를 지나는 사람이 꽤 있었으나 모두 흘끗흘끗 쳐다볼 뿐 도망치듯 지하도를 빠져나갔다. 재호도 머뭇거리다 지하도 계단을 올랐다.

집에 돌아와서도 두 사람이 싸우던 일이 자꾸 생각났다. 어른들이 그깟 종이 상자가 뭐라고 그렇게 싸우는지 이해가 가지 않았다. 저녁을 먹으며 아빠에게 물어봤다.

"그래? 노숙자는 알겠는데, 할아버지는 뭐야? 밥벌이라고? 아, 폐지 주워 파는 사람인가 보다."

아빠가 젓가락으로 콩나물을 집으며 말했다.

"폐지요?"

"종이 모아다 고물상에 파는 거지. 그래 봐야 얼마 못 받을걸. 하루 온종일 해 봐야 만 원 벌기도 힘들지 아마?"

재호가 입을 오물거리며 고개를 끄덕였다.

"그런데, 그 아저씨는 왜 '내 집이야.' 그럴까요?"

"노숙자들은 그런 종이 상자에서 잠을 자기도 해. 더울 때야 상관없지만 추울 때는 지하도라도 자기 힘들 테니까."

"종이 상자가 따뜻한가요?"

"따뜻하긴, 추위나 겨우 피하겠지……."

엄마가 찌개 국물을 뜨며 말했다.

"아무리 그래도 종이 상자가 집은 아니잖아요?"

"원래는 물건을 담아 두는 거지. 하지만 집 없는 사람들한테는 집 역할을 하는 거야."

"집 역할?"

"응. 집은 아닌데 집으로 쓰이는 거지. 노숙자도 그렇지만, 제대로 된 집이 아닌 데서 사는 사람이 많아."

주거 기본권 유엔 인권 위원회에서는 '사생활이 보장되고, 적절한 규모를 갖추고, 일자리와 기본적인 편의 시설 이용에 지장이 없는 집이 적절한 주거'라고 말한다. 또 조명과 난방, 공기, 맑은 물, 쓰레기 처리 등 건강에 영향을 주는 요소들이 제대로 갖춰져 있어야 한다. 집을 이용하는 데 너무 많은 경제적 부담을 지게 해서도 안 되며, 강제로 쫓겨나지 않아야 한다. '적절한 주거의 권리'란 단순히 지붕만 있는 공간으로서의 집이 아니라 안전하며 평화롭고 존엄하게 살 수 있는 집을 나라에서 보장해야 한다는 것이다.

목으로 음식을 넘기며 엄마가 말했다.

"제대로 된 집이요?"

"종이 상자는 잠자기 위해 임시방편으로 쓰는 거야. 집이 단순히 잠만 자는 데가 아니잖아. 안전하고 편안하게 생활할 수 있어야지."

"안전하고 편안하게?"

"그렇지. 비바람이 들이치거나 추위와 더위를 피할 수 없다면 제대로 된 집이라고 하기는 어려워."

아빠가 접시 위의 두부를 젓가락으로 잘랐다. 반이 잘린 두부를 집어 올리며 아빠가 말했다.

"거기다 낯선 사람이 함부로 들어올 수 없어야 하고, 강제로 쫓겨나서도 안 되지."

"그러면 종이 상자는 집이 될 수 없잖아요?"

"사람답게 살 수 있는 집의 기준에는 못 미치지만, 집으로 쓰면 집인 거지. 그런 데서 살 수밖에 없는 게 문제지. 그런 곳에 사는 사람이 많은 거야."

"기준에 못 미치는 집⋯⋯."

재호가 혼자 중얼거렸다.

"맞아. 예전에는 다리 밑에 움막을 짓거나 땅에 굴을 파고 살던 사람도 많았잖아. 지금도 있다던데?"

"땅굴? 석기 시대 사람이 그렇게 살았대요."

책에서 본 그림이 떠올랐다. 짐승 가죽을 걸치고 돌도끼를 들고 있는 사람이었다.

"그래. 아직도 땅속에 사는 사람이 있단다, 그것도 대한민국에. 또 비닐하우스에서 사는 사람들도 많아."

축구 응원할 때 외치던 그것과 달리 엄마의 '대한민국'이 매우 낯설게 들렸다.

"비닐하우스는 채소 키우는 데 아니에요?"

"그래. 그런 곳에 사는 사람도 있어. 그래도 오히려 그게 낫대. 지하방에 사는 사람들보다는."

"왜요?"

"왜겠어. 햇빛도 못 보고 바람도 안 통하니, 답답하고 축축하고, 곰팡이 끼고 어휴~."

엄마가 고개를 설레설레 흔들었다. 지하에 사는 게 어떤 건지 상상이 가지 않았다. 지은 지 오래돼, 계단을 내려가면 왠지 서늘한 게 기분이 이상해지는 학원 앞 지하도가 생각났다. 지하도에 사는 거랑 비슷할까?

"그렇게 치면 옥탑방이 더 낫겠네? 거긴 햇빛 하나는 잘 들지."

아빠가 물을 한 모금 마시며 말했다.

"그렇지만 살기 힘든 건 거기도 마찬가지야. 겨울에 시원하고 여름에 따뜻하고……. 학교 다닐 때 거기서 자취했잖아."

"바뀐 거 아니에요? 겨울에 따뜻하고……."

"맞아. 그런데 옥탑방이 그렇단다. 여름에는 찜통이지. 젊었을 때니까 살았지, 지금은 못 살 것 같아."

엄마 말이 쓸쓸하게 들렸다.

"왜 사람마다 집이 달라요? 우리는 아파트에 사는데 누구는 지하방이나 비닐하우스에 살고, 또 노숙자 아저씨는 종이 상자에 살잖아요?"

"그야, 사람마다 경제적 능력이 다르니까……."

"그럼 돈을 많이 벌면 좋은 집에 살고, 많이 못 벌면 좋은 집에 못 사는 건가요?"

"그렇다고 봐야지."

엄마가 고개를 끄덕였다.

"집도 양극화가 있는 거네요?"

"후후. 요즘 양극화 토론 한다더니……. 맞아, 양극화가 있지. 잘사는 사람 집과 못사는 사람의 집은 차이가 커."

세상에 양극화 없는 게 없구나 하는 생각이 들었다. 식탁에서 일어나다 재호가 생각난 듯이 말했다.

"그럼 할아버지가 잘못한 거네요? 남의 집을 빼앗은 거잖아요?"

"글쎄, 할아버지는 그게 먹고사는 생계 수단이니…… 할아버지를 나쁘다고만 할 수도 없을 것 같은데?"

아빠가 고개를 갸우뚱했다.

더위와 추위는 누구에게나 똑같지 않다

폭탄이 터진 것 같다고 한다, 물폭탄이. 쏟아지는 비에 우산을 써도 소용이 없었다. 걸을 때마다 운동화 속에서 찔꺽거리는 소리가 났다. 찝찝한 게 영 기분이 좋지 않았다. 빨리 집에 가야지.

몸을 씻고 옷을 갈아입고 나니 몸이 상쾌했다. 거실에서 엄마가 뉴스를 보고 있었다. TV 화면에 물에 잠긴 거리를 걷는 사람들이 보였다. 천천히 몸을 움직이는 게 금방이라도 쓰러질 듯 위험해 보였다. 지붕만 겨우 보이는 차도 있었다. 산사태가 일어나 죽은 사람도 있다고 했다. 서울에서 산사태가 일어나다니 믿어지지 않았다.

"집 잃은 사람들은 어떻게 되는 거예요?"

"나라에서 지원을 해 주긴 하는데, 살던 집 잃은 게 다 보상이 되지는 않겠지."

"살 곳이 없어진 거죠?"

"당장은 그렇지만, 뭐, 그래도 저기는 경제적 여유가 있는 사람들이니까 괜찮아질 거야. 없는 사람들이 문제지."

엄마가 손가락으로 화면을 가리켰다.

"없는 사람들?"

"비닐하우스에서 살던 사람들은 보상도 못 받거든. 허가받은 집이 아니라 보상을 못 해 준대."

"집도 허가를 받아야 해요?"

"그야 그렇지만, 그래도 억울하지. 그 사람들도 나라에 꼬박꼬박 세금 내고 살았는데. 난리 나면 없는 사람들만 더 힘들다니까……."

엄마가 중얼거리듯 말하고 자리에서 일어나 주방으로 걸어갔.

하늘에서 비는 똑같이 내리는 건데 왜 가난한 사람들이 더 피해를 보는 걸까? 가난한 사람들 사는 집을 알아서 거기만 특별히 비가 더 많이 오지는 않을 텐데. 엄마가 커피 잔을 손에 들고 돌아왔다. 재호에게 오렌지주스를 건네주었다.

"왜 물난리 나면 가난한 사람들이 더 피해를 봐요?"

"가난한 사람들은 안전하지 못한 곳에 사는 경우가 많아서 그래."

"안전하지 못한 곳?"

"응. 산사태 나는 거 생각해 봐. 일반 집은 그나마 단단하니까 어느 정

181

도 버티겠지만, 비닐하우스는 어떻겠어?"

"완전히 무너져 버리겠네요."

흙더미 속에 묻혀 끄트머리만 나온 비닐 조각이 떠올랐다.

"비닐이 무슨 힘이 있겠어? 또 지하방은 어떻겠니?"

"비 많이 오면? 물이 아래로 흐르니까……."

"1층에 물이 들어올 정도면 지하는 이미 물이 차서 넘치는 거지."

다시 몸이 축축해지는 것 같았다.

"그래서 물난리 났을 때 어떤 아줌마는 집에 갇혀 못 나올 뻔했대. 수압 때문에 문은 못 열고, 창문은 방범창이어서 나올 수가 없었대."

"그래서 어떻게 나왔대요?"

"화장실에 있는 조그만 환기 창문으로 겨우 빠져 나왔대. 날씬하지도 않은 사람이……."

"옥탑방에 사는 사람은 물난리 나도 괜찮겠다."

"집이 튼튼하게 지어진 거면……. 비 오는 것만 힘든 게 아니야."

"비 말고 난리 나는 게 또 있어요?"

"난리까지는 아니어도 덥고 추워서 살기 힘들지."

엄마의 목으로 커피 넘어가는 소리가 들렸다.

"우리나라는 원래 여름에 덥고 겨울에는 춥잖아요?"

"계절 따라 바뀌는 날씨야 그렇지만, 아무리 더운 날이라고 해도 누구나 똑같이 더운 건 아니야. 너 여름에 에어컨 켠 데 있다가 밖에 나가면 어떻디?"

"숨 막혀요. 그럼 가난한 사람들은 에어컨이 없어서 그래요?"

"가난한 사람들이 사는 집이 대개 그래. 쪽방은 오래되고 낡은 집이 많아. 집도 좁고……."

"쪽방? 그게 뭐예요?"

"아주 쪼그만 방을 말해. 한 사람 겨우 누울 수 있어. 집도 허름해서 수돗물도 안 나오고, 화장실도 따로 없어. 여러 집이 같이 쓰는 거지."

"화장실을 같이? 급하면 어떻게 해요? 샤워할 때도 힘들겠다."

재호가 눈살을 찌푸렸다.

"샤워는 무슨, 너처럼 욕조에 앉아서 하루 종일 장난칠 수 있는 그런

화장실이 아니야. 변기만 달랑 있는 거지."

"그런 집이 많아요? 서울에도 있어요?"

"많이 없어졌지만, 쪽방촌이라고 해서 아직 있어. 서울에도 개미 마을이란 데도 있고, 산청 마을도 있고……. 큰 도시 주변에는 거의 있다고 봐야 해."

엄마가 커피 잔을 탁자에 내려놓았다.

"그런 집은 벽이나 천장 같은 데 좋은 재료를 못 써. 그래서 건물이 밖의 열기나 한기를 제대로 막아 주지 못해. 그러니 여름에는 더 덥고, 겨울에는 더 추울 수밖에 없어."

"많이 추워요?"

"심한 집은 밤에 얼굴이 시려서 잠을 못 잔대. 물도 얼고."

"그래서 더 덥고 더 춥고……. 자연이 누구에게나 공평한 건 아니네요."

재호의 목소리가 쓸쓸했다.

"자연이야 공평하지. 사회가 그렇지 못한 거지."

"양극화 때문에요?"

엄마가 재호의 머리를 쓰다듬었다.

"후후. 게다가 그런 집들은 다닥다닥 붙어 있어서 화재 위험이 더 크대. 전기선도 오래된 데다, 불이 잘 안 붙는 재료, 뭐라더라…… 응, 방염 재료. 그걸 쓰지 않아서 불 나면 더 잘 타는 거지."

"어, 불이 나면 큰일 나겠네요."

"그렇지. 불나면 다 위험하지만, 그런 집은 스프링클러 같은 소방 시설도 없고, 골목이 좁아서 소방차 들어가기도 어려워."

"가난한 사람들은 정말 살기 힘들겠다."

"비 오면 비 걱정, 눈 오면 눈 걱정, 더워서 걱정, 추워서 걱정……."

"집이 그렇게 걱정이 많을지 몰랐어요."

"그렇지? 우리나라 사람들은 집 때문에 걱정이 많아."

"집에도 양극화가 있는 거면, 다 그런 거는 아니란 거네요?"

엄마가 재호의 어깨를 손으로 툭툭 쳤다.

"네가 한번 찾아 봐."

집은 돈 버는 수단?

"사람이 사는 데 필요한 기본 조건인 의·식·주, 그중 하나인 집에도 양극화가 있습니다. 집이 많은 사람과 없는 사람, 환경이 좋은 집에 사는 사람과 환경이 나쁜 집에 사는 사람이 나뉘어 있는 것입니다. 이런 양극화는 소득의 차이 때문에 일어납니다. 소득이 많은 사람은 비싸고 좋은 집에 살지만, 소득이 적은 사람은 허름하고 좁은 집에서 삽니다. 집의 양극화는 다른 생활에서 양극화를 일으키는 원인이 되고 있습니다. 그래서 저소득층도 부담 없이 살 수 있는 집을 나라에서 많이 지어야 합니다."

사회 양극화 토론의 오늘 주제는 집이다. 발표를 하는 사회 복지 팀 인경의 목소리가 카랑카랑했다. 인경을 바라보던 경제 성장 팀 예리가 조심스럽게 자리에서 일어났다.

"가난한 사람들이 집 때문에 힘든 건 사람은 늘어나는데 집이 부족하기 때문입니다. 더 많은 집을 지으면 양극화는 자연스럽게 해결될 수 있습니다. 자기 집을 사기 어려운 사람들은 다른 사람의 집을 빌려 살고 있습니다. 비싼 전세나 월세 때문에 힘들어하는데, 이것도 집을 많이 지으면 해결할 수 있습니다. 낡고 오래된 집을 재개발해서 깨끗한 새 집을 많이 지으면 됩니다. 어떤 집을 짓고, 어떤 집에서 살지는 사람들이 알아서 할 수 있도록 보장해야 합니다. 나라에서 규제하면 안 됩니다."

두 팀의 발표가 끝나자 선생님이 교실의 아이들을 보며 말했다.

"자, 토론을 시작해 볼까요?"

사회 복지 팀 인경이 손을 들었다.

"경제 성장 팀은 집이 모자라서 주거 양극화가 있다며 집을 더 많이 지으면 해결될 거라고 합니다. 하지만 우리나라 주택 보급률은 100퍼센트가 넘은 지 오래됐어요. 그러면 집 없는 사람이 없어야죠. 하지만 40퍼센트는 자기 집이 없습니다."

"주택 보급률은 우리나라에 있는 집을 그냥 가구 수로 나눈 거잖아요. 그런 거 100퍼센트는 별 의미가 없어요. 40퍼센트가 집이 없으면 그만큼 더 집을 지어야죠. 인구가 만 명이면 집은 만 채가 아니라 그 이상 있어야 하는 겁니다."

별 문제 아니란 표정으로 재호가 말했다.

"집이 부족해서가 아닙니다. 집을 많이 지어도 그게 없는 사람에게 돌아가는 게 아니니까 문제죠. 집을 두 채 이상 가진 사람이 계속 늘어서 2018년에는 210만 명이 넘어요. 그중 세 채 이상 가진 사람도 47만 명이 되고요."

인경의 얼굴이 '세상에 이런 일'을 얘기하는 사람의 표정 같았다.

"그럼, 재산을 많이 갖고 있는 게 잘못이에요?"

"집을 재산으로만 보면 안 됩니다. 집은 가족들과 함께 사는 곳입니다."

"쌀은 우리나라 사람의 주식입니다. 쌀을 많이 팔아야 농민은 부자가 됩니다. 쌀을 재산으로 많이 갖는 게 잘못인가요?"

"그렇다고 혼자서 수백 채를 갖는 게 말이 되나요?"

"집으로 사업을 하는 거죠. 그걸 뭐라 하면 자본주의가 아닙니다."

재호가 '자본주의'라는 말에 힘을 줬다.

"아무리 자본주의라 해도 다른 사람에게 고통을 주면 안 됩니다."

"집도 하나의 상품입니다. 여행 가면 콘도 빌려 주는 것처럼 집을 지어서 팔거나 빌려 주고 세를 받는 사업을 할 수 있는 겁니다."

"항상 가족들이 사는 집하고 콘도하고 어떻게 같아요?"

사회 복지 팀 인경의 목소리가 조금 올라갔다.

"같다는 게 아니라, 집으로 사업하는 사람들이 있기 때문에 집을 살 때 드는 큰돈 들이지 않고 집을 빌려 쓸 수 있다는 겁니다."

"집을 빌려 쓰는 건, 너무 비싸서 집을 사기 힘들기 때문입니다. 그건 집으로 장사하는 사람들 때문이고요."

"장사하는 게 잘못은 아닙니다. 돈 버는 게 잘못됐다고 말하는 게 잘못된 겁니다."

재호의 목소리가 커졌다.

"집값을 너무 비싸게 하니까 그렇지요."

인경도 물러서지 않았다.

"집도 다른 상품처럼 사려는 사람이 많으면 가격이 오르고, 적으면 값이 내리는 거죠."

"우리나라는 건설사하고 투기꾼들이 이익을 많이 남기려고 터무니없이 집값을 올려서 그렇게 비싸게 된 겁니다."

"집을 사려고 하는 사람이 많으니까……."

"잠깐, 집값이 어떻게 비싸게 됐는지는 중요한 문제지만, 우리 토론은 양극화니까 거기까지만 하고 넘어갑시다."

선생님이 서둘러 말했다.

"집을 많이 지었어도 저소득층이 자기 집을 갖고 있는 비율은 오히려 떨어졌어요. 이 표를 봐요."

사회 복지 팀 지원이 말했다.

"자기 집이 없다고 꼭 문제는 아닙니다. 외국에도 자기 집 아닌 곳에서 사는 사람은 많지만, 그 사람들이 모두 가난해서 그런 건 아닙니다. 우리나라도 소득이 많은데 세 들어 사는 경우가 있습니다."

경제 성장 팀 예리가 자신의 말을 반박하려는 지원을 막고 말을 계속했다.

"여유 있는 사람들이 집을 사 두면 굳이 자기 집이 필요 없는 사람이나, 필요하지만 능력이 안 되는 사람들이 자기 집을 장만할 때까지 빌려 쓸 수 있는 겁니다."

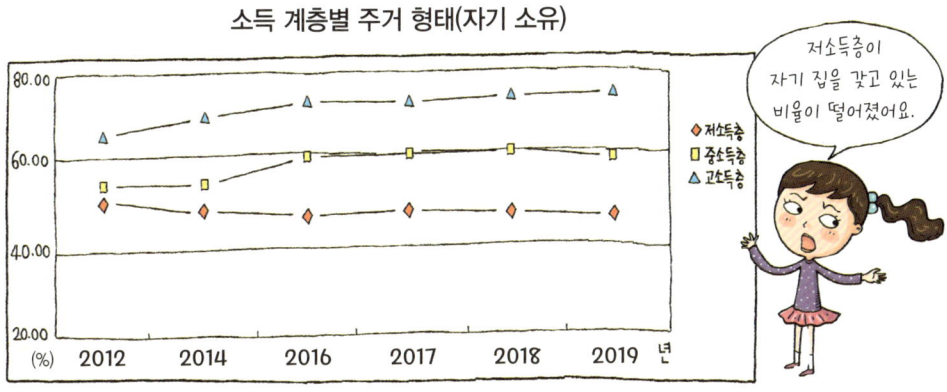

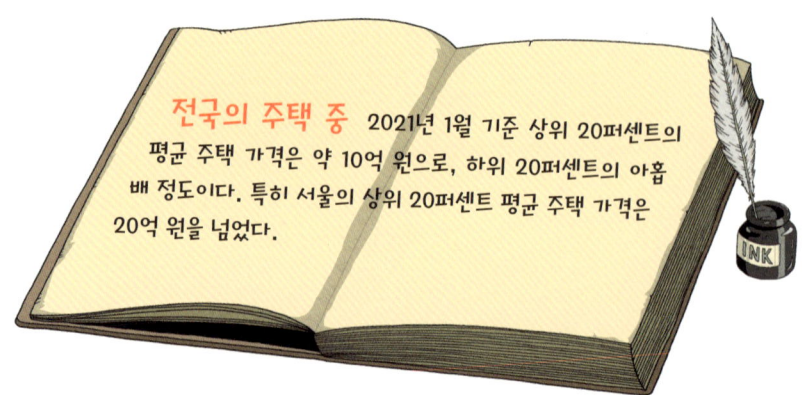

전국의 주택 중 2021년 1월 기준 상위 20퍼센트의 평균 주택 가격은 약 10억 원으로, 하위 20퍼센트의 아홉 배 정도이다. 특히 서울의 상위 20퍼센트 평균 주택 가격은 20억 원을 넘었다.

"자기 집이 없는 게 반드시 문제는 아닐 수 있지만, 우리나라 사람들이 자기 집을 장만하려고 하는 건 불안하기 때문입니다. 남의 집을 빌려 살기 때문에 언제 쫓겨날지 몰라 불안한 겁니다."

사회 복지 팀 지원이 차분한 목소리로 말했다.

"계약 기간이 있는데 뭐가 불안해요?"

"2년 계약 기간이 끝나면 집주인이 집세를 많이 올려 받기 때문입니다."

"그거야…… 세 들어 사는 사람은 다 비슷하죠."

"가난한 사람들 중에 세 들어 사는 사람이 더 많기 때문에 비슷한 게 아니죠. 또 집세를 올려달라고 해도 그럴 능력이 부족한 사람이 가난한 사람들에게 더 많지 않겠어요?"

지원이 예리의 동의를 구하듯이 말했지만, 예리는 대답하지 않았다.

"그래서 불안하고 힘들기 때문에 애써 자기 소유의 집을 장만하려고 하는 겁니다. 그러나 저소득층이 버는 거에 비해 집값이 너무 올라가서

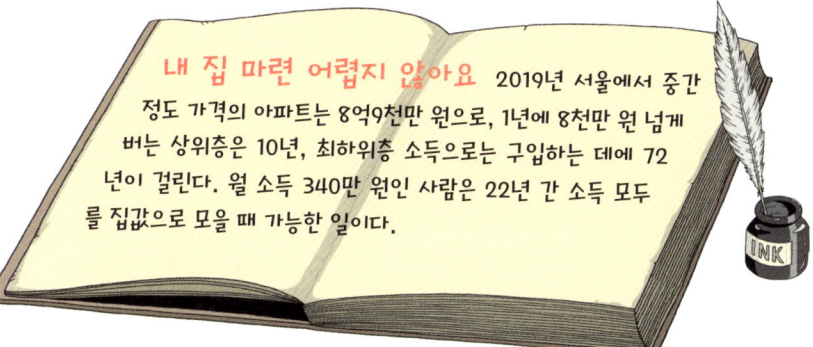

내 집 마련 어렵지 않아요 2019년 서울에서 중간 정도 가격의 아파트는 8억9천만 원으로, 1년에 8천만 원 넘게 버는 상위층은 10년, 최하위층 소득으로는 구입하는 데에 72년이 걸린다. 월 소득 340만 원인 사람은 22년 간 소득 모두를 집값으로 모을 때 가능한 일이다.

그게 자꾸 어려워지니까 양극화가 심해지는 거죠."

"그러니까 더 많은 집을 지어야 합니다. 그러면 집값이 내려가서 사람들이 자기 집을 살 수 있게 되는 거죠."

못을 박는 듯한 예리의 말에 지원이 한숨을 내쉬었다.

집의 양극화가 다른 양극화를 낳고

"아까 발표할 때 집의 양극화가 다른 양극화를 일으킨다고 했는데, 그것도 토론이 필요하겠네요."

양 팀에서 더 이상 말이 없자 선생님이 말했다.

"집이 돈 버는 수단이 되면서 집을 가진 사람은 큰 이익을 남기지만, 그렇지 못한 사람은 살기가 더 어려워지기 때문입니다."

사회 복지 팀 건오가 말했다.

"상품을 거래하면 돈을 주고 물건을 받는 것처럼 집도 서로 거래를 하는 겁니다."

경제 성장 팀에서 대현이 나섰다.

"그게 무슨 말이에요?"

"아이스크림 사 먹을 때 가게 주인은 돈을 받고 나는 아이스크림을 받잖아요? 그러니까 집을 사거나 빌리는 사람은 그 대가를 내고 필요한 거를 받는 겁니다. 누가 손해를 보는 게 아닙니다."

잠시 생각을 정리하는 듯하던 건오가 말했다.

"그렇지만, 그 아이스크림 값을 두 배로 올려 받으면 그만큼 손해잖아요?"

"아이스크림 만드는 데 비용이 늘어나면 어쩔 수 없는 거죠."

"아이스크림 가격은 가게 주인이 마음대로 올릴 수가 없어요. 그런데 집은 파는 사람이 마음대로 합니다."

"집주인 마음대로 하는 게 아니고 시장에서 오르는 걸 봐서 하는 거죠. 다른 사람은 싸게 파는데 자기만 비싸게 팔 수는 없으니까요."

대현이 머리를 쓸어 넘기며 말했다.

"이제까지 집주인도 그렇고, 투기꾼들이나 집 짓는 사업자들, 집을 팔면 이익을 보는 사람들이 값이 올라가도록 부추겨 왔죠."

"어, 잠깐."

선생님이 다시 토론을 중단시켰다.

"집을 사고파는 거래가 공정하게 되는지는 토론이 될 수 있지만, 원래 쟁점에 더 집중합시다. 집이 거래 대상이 되면서, 그것 때문에 양극화가 더 심해진다는 주장에 대해서요. 음, 사회 복지 팀이 그 근거를 얘기해 보죠."

선생님이 사회 복지 팀을 보았다. 건오가 입을 열었다.

"100만 원 정도 버는 저소득층의 주거 비용은 15퍼센트가 넘는데, 고소득층은 5퍼센트가 안 됩니다. 한 달에 700만 원을 넘게 버는데요. 집값이 오르면 가난한 사람들이 훨씬 힘들어지는……."

경제 성장 팀 재호가 건오의 말을 잘랐다.

"그건 다른 얘기잖아요? 집값이 올라가면 누가 더 힘드냐가 아니라 양

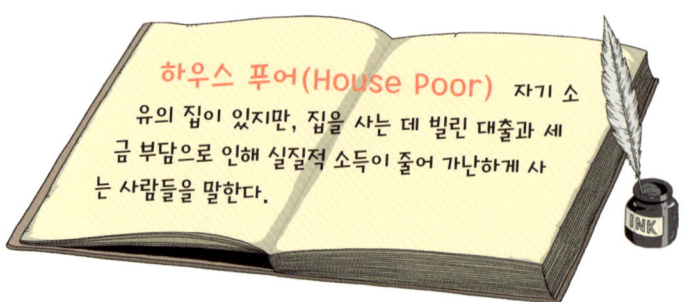

극화가 더 심해지냐를 말해야 하는 거 아닌가요?"

"저소득층은 집에 대한 비용이 많이 들어서 집값이 오르면 그만큼 버는 돈 중에서 집세나 대출 이자를 내야 해요."

"그거야 집에 따른 비용을 내는 거지……."

"그 비용이 많이 나가기 때문에 집 없는 사람들은 재산 모으기가 어려워요. 소득 오르는 것보다 집값이 더 오르기 때문에 집 없는 사람과 있는 사람의 차이는 더 벌어질 수 있는 겁니다."

"그러니까 집값이 떨어질 수 있도록 더 많은 집을 지어야죠."

재호가 말했다.

재개발은 누구에게 이익인가

"이제는 양극화 해결 방향에 대해서 얘기를 해 볼까요?"

선생님이 말했다.

"낡고 오래된 집을 재개발해서 새로운 집을 더 많이 지어야 합니다. 그래야 병원이나 은행, 문화 시설 등 생활하는 데 불편함이 없는 집에서 저소득층도 살 수 있습니다."

경제 성장 팀 대현이 말했다.

"재개발을 해서 아파트를 새로 지어도 가난한 사람들 집이 되는 건 아닙니다. 집으로 돈 버는 사람들에게나 이익이지."

지원이 말했다.

"왜요? 재개발 하면 거기 살던 사람에게 먼저 기회를 주는데……."

대현이 항의하듯이 말했다.

"기회를 준다고 해도 새로 짓는 아파트는 너무 비싸서 들어갈 수가 없습니다. 몇 억 원씩 되는 분양가를 낼 수 없으니까요."

"그전에 살던 집에 대한 보상을 해 주고 은행에서 대출을 해 주기 때문에 조금만 노력하면 불가능한 게 아닙니다."

"살던 집 보상해 줘야 얼마 안 되고, 은행에서 빚을 얻어도 차이가 커서 감당할 수가 없어요."

"낡은 집 대신에 새 아파트를 갖는데 그 정도 부담은 받아들여야죠. 그만큼 재산이 늘어나는 거잖아요."

"그것도 자기 집 있던 사람들에게나 해당됩니다. 세 들어 살던 사람들은 그냥 쫓겨납니다. 그래서 재개발 하고 나서 전에 살던 사람이 다시 그 동네 사는 경우가 30퍼센트도 안 됩니다. 서울에서요."

"재개발을 하는 건 그 지역이 낡고 허름한 집들이 많아서 그런 거잖아

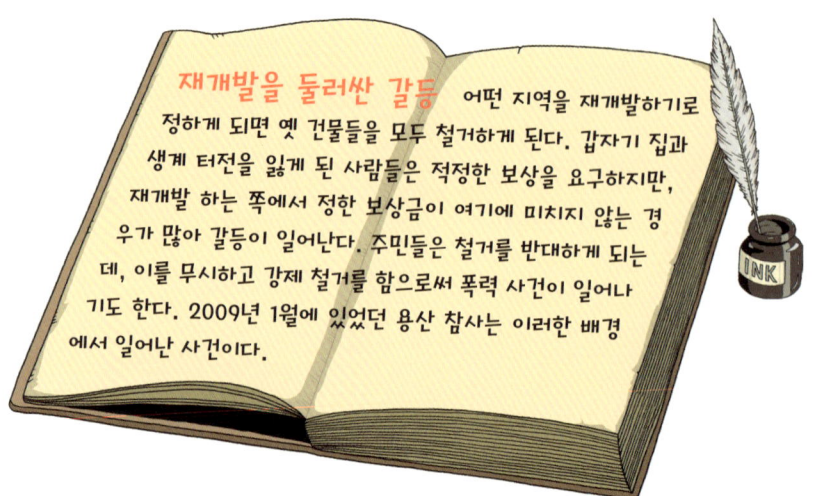

재개발을 둘러싼 갈등 어떤 지역을 재개발하기로 정하게 되면 옛 건물들을 모두 철거하게 된다. 갑자기 집과 생계 터전을 잃게 된 사람들은 적정한 보상을 요구하지만, 재개발 하는 쪽에서 정한 보상금이 여기에 미치지 않는 경우가 많아 갈등이 일어난다. 주민들은 철거를 반대하게 되는데, 이를 무시하고 강제 철거를 함으로써 폭력 사건이 일어나기도 한다. 2009년 1월에 있었던 용산 참사는 이러한 배경에서 일어난 사건이다.

요. 더 살기 좋은 마을로 만드는 거니 재개발 전이랑 같을 수는 없죠."

"재개발 전과 후가 같을 수는 없지만, 원래 살던 주민이 돈 때문에 떠나게 하는 재개발이니까 문제인 거죠."

대현의 반론에 사회 복지 팀 인경이 딱하다는 듯한 말투로 말했다.

"재개발을 해야 마을도, 도시도 발전하고, 새로운 집도 늘어나 집 없는 사람들이 집 장만할 기회가 생기는 겁니다."

"새로 지은 집을 소득이 많거나 투기하는 사람들만 살 수 있기 때문에 양극화는 해결되지 않아요. 재개발을 많이 했어도 저소득층이 자기 집 갖는 비율이 늘지 않은 걸 생각해야죠."

"재개발을 하면서 예전 같은 집을 지을 수는 없잖아요? 저소득층만을 위한 재개발을 할 수도 없는 거고……. 저소득층 아니고 고소득층 아닌, 자기 집이 있어도 더 좋은 집을 갖고 싶은 사람들의 희망도 생각해야죠."

 자신의 말투를 흉내 내는 듯한 경제 성장 팀 대현의 말에 인경이 피식 웃었다.

 "사람들이 원하는 도시 가까이에 집을 많이 지으려면 재개발이 필요해요. 그리고 재개발을 안 하면 마을이나 도시는 낡고 불편한 집들만 있는 곳으로 황폐해져요."

 경제 성장 팀 예리가 빠르게 말했다. 말을 하려는 인경을 막으며 예리가 말을 이었다.

 "그런 곳은 살기도 불편하고, 범죄도 많아져요. 마을이 살기 좋은 곳으로 바뀌어야 저소득층도 더 좋은 집에서 살 가능성이 생겨요."

 "낡은 집이 많은 지역에 범죄가 많다고 한들, 그게 범죄 예방을 소홀히

해서 그런 거지 재개발을 안 해서인가요? 문제는 지금의 재개발이 저소득층 살던 곳을 고소득층 사는 곳으로 바꿀 뿐이라는 거예요."

사회 복지 팀의 인경이 차갑게 말했다.

민간에 맡겨야 하나, 나라에서 나서야 하나

"집으로 투기를 못 하도록 해야 합니다. 집을 여러 채 갖고 있는 사람들한테는 세금도 많이 내게 해야 합니다."

사회 복지 팀 건오가 말했다.

"투기를 못 하게 하는 건 옳지만, 사고팔고 하는 걸 못 하게 할 수는 없어요. 집을 지어서 파는 사람이 있어야 필요한 사람이 살 수 있는 거예요. 그런 거래를 못 하게 하면 안 됩니다."

경제 성장 팀 재호가 말했다.

"거래를 막는 게 아니라 집으로 너무 많은 이익을 보지 못하도록 해야 한다는 거예요."

"이익을 얻는 게 나쁜 거예요? 기업에서 물건 만드는 것도, 장사하는 사람이 물건 파는 것도 다 이익을 얻기 위한 거잖아요."

"그렇기는 하지만 사람이 살아가는 데 꼭 필요한 집으로 이익 보는 건 줄여야 해요."

"사람마다 필요성은 다를 수 있어요. 집이 여러 채 필요할 수도 있고,

그걸로 돈을 벌 수도 있고요. 그건 개인의 자유예요. 거기다 세금을 많이 내게 하면 경제가 위축될 수 있어요."

"개인의 자유가 중요해도 집을 갖고 투기하는 건 막아야 해요. 부동산 투기로 경제가 발전할 수는 없는 거잖아요."

"집을 거래 상품으로 보는 문제는 앞에서 나온 얘기니 그 정도로 하고 다른 얘기로 넘어갑시다."

선생님이 시계를 보며 서둘러 말했다.

"집을 새로 지을 때 소득이 높지 않은 사람도 큰 비용 들이지 않고 살 수 있는 집을 많이 지어야 합니다. 공공 임대 주택요."

사회 복지 팀 인경이 말했다.

"임대 주택은 많이 있어요. '공공'은 나라에서 한다는 건데, 그런 건 민간에 맡겨야죠. 시장에서 어떤 물건의 가격이 많이 올랐다고 나라가 그 물건을 만들어 팔지는 않잖아요?"

경제 성장 팀 예리가 말했다.

"전기나 수도 같이 국민 생활에 아주 중요한 건 나라가 만들기도 하죠."

"나라에서 임대 주택을 지으려면 세금을 그만큼 많이 써야 되는데, 나라 살림이 적자날 수도 있어요. 민간에서 사업하는 사람들 일도 줄어들고요."

"민간에 맡기면 돈 많이 벌 수 있는 집만 짓게 되니까 그렇죠. 또 집을 그냥 주는 게 아니고 임대료를 받는데 왜 적자가 나요? 뭐, 저소득층도 감당할 수 있는 임대료 내는 집이 많으면 굳이 나라에서 안 해도 되지만

……."

"그것도, 전세 월세야 서로 거래하는 사람끼리 자유롭게 정하는 거지 나라에서 뭐라 할 수 없는 거예요."

예리가 손가락으로 인경을 가리켰다.

"자유롭게 하는 게 원칙이라고 해도 사람들 삶에 큰 영향을 주는 건 나라에서도 함부로 못 올리게 하잖아요. 집도 그럴 수 있어요. 쌀이나 짜장면 같이요."

"국민들이 스스로 알아서 할 거를 나라에서 자꾸 이래라 저래라 하면 경제를 해칠 수 있어요."

예리의 말을 같은 팀 대현이 거들고 나섰다.

"임대료를 나라에서 통제하면 집 가진 사람들이 집을 내놓지 않아 세 얻으려는 사람들이 더 힘들어질 수도 있어요."

"집 가진 사람들이 세를 놓는 건 이익을 얻기 위해서예요. 이익이 적다고 빈집을 놀리지는 않아요. 그리고 집 가진 사람들 자유도 있지만 그것 때문에 집 없는 사람들이 고통을 당하게 하면 안 됩니다."

사회 복지 팀 인경이 대현을 노려보듯 보며 말했다.

"집 있는 사람 때문에 고통당하는 게 아니잖아요. 사람들 자유를 보장 안 하면 그건 민주 사회가 아니죠."

"개인의 자유만 말하면 양극화는 처음부터 문제가 될 수 없어요. 함께 살아가는 사회이기 때문에 그걸 해결하려고 하는 거죠.

교실 안이 조용했다. 모두 선생님 얼굴만 쳐다보았다.

또 다른 양극화

"토론을 마쳐야겠네. 자, 이제까지 경제 성장 팀과 사회 복지 팀 토론을 통해 우리 사회의 양극화에 대해 알아봤어요."

선생님이 자리에서 일어나며 말했다.

"경제적인 소득의 양극화, 이것과 연관된 교육, 건강, 주거, 문화와 정보 등에서의 양극화와 그 해결 방향에서 차이가 있었어요. 두 팀의 토론 속에서 여러분이 느꼈겠지만, 양극화에 대해서는 의견이 다를 수 있어요. 그게 얼마나 심각한지, 어떤 의미가 있는 건지는 여러분이 스스로 생각해 봐야 해요."

"특히 각 팀의 주장에서 사회가 어떻게 발전하는지에 대한 생각의 차이를 이해하는 게 중요해요. 경쟁을 강조하는지 협력을 강조하는지, 개인의 자유를 중요시하는지 공동체라는 사회의 조화를 중요시하는지. 이 점을 놓치지 않도록 해요. 자, 고생한 두 팀을 위해 모두 박수."

선생님이 밝게 웃으며 말했다. 아이들의 박수 소리가 교실에 울렸다. 두 토론 팀 아이들이 일어나 인사를 했다. 대현이 머리 위에서 두 손을 잡고 흔들었다. 그동안의 힘들었던 마음이 조금 사그라지는 것 같았다.

토론을 마치고 나니 마음이 홀가분했다. 읽기 불편하고 금방 이해가 되지 않는 자료들을 보지 않아도 된다니 편안한 기분이 들었다. 특히 온갖 수치로 가득한 통계표에서 벗어날 수 있다는 게 정말 기뻤다. 토론이 마음먹은 대로 되지 않을 때는 열패감에 괜히 시작했다는 후회를 하기도 했었다. 주장의 옳고 그름 문제가 아니라는 걸 이해하면서도 경제 성장 팀 말고 사회 복지 팀을 할걸 잘못했다는 생각이 들기도 했다. 그렇다고 토론을 잘했을까?

　어떤 주장이 옳은지에 대한 확신을 갖고 시작한 토론은 아니었다. 들어 온 얘기나 느낌으로 경제 성장 팀의 주장이 옳다는 생각이 컸었다. 그 생각이 확인될 때에는 뿌듯했지만, 품어 왔던 생각이 흔들릴 때는 혼란스러웠다. 그러면서도 우리 사회의 비밀에 접근하는 듯한 느낌에 호기심이 일어나기도 했다.

　엄마 아빠랑 천문대에 구경 갔을 때 그곳에서 본 밤하늘은 무수한 별들로 멋지면서도 어지러웠다. 하지만 별자리 찾는 법을 알고 보니 어떤

질서가 느껴졌다. 제각기 전설을 담고 있는 크고 작은 별자리들이 그보다 더 큰 질서로 엮여 거대한 밤하늘을 채우고 있는 것 같았다. 수많은 사람들이 뒤엉켜 사는 사회라는 곳도 그런 하늘 같지 않을까? 토론에서 다뤘던 교육이나 건강 등은 그 하늘의 별자리 아닐까? 그 별자리들을 휘감고 있는 양극화는 어떤 질서일까? 낮과 밤처럼 원래부터 있는 걸까? 별을 삼켜 버린다는 블랙홀 같은 걸까? 하늘을 빛나게 하는 질서가 아님은 분명했다. 양극화에 묶여 있는 다른 별자리는 없을까?

소득의 차이에서 비롯된 양극화가 교육, 주거 등에서 양극화를 일으키는 것처럼 다른 영역에서도 양극화를 일으키는 건 아닐까? 양극화는 우리나라만의 문제일까? 다른 나라는 없을까? 엄마와 본 영화에서도 미국에는 의료 양극화가 심각했다. 또 나라 안에서 양극화가 있는데, 나라와 나라 사이에는 양극화가 없을까? 선진국과 후진국의 차이도 단순히 경제 발전의 수준이 다른 것만이 아니라 양극화 문제가 있는 것은 아닐까? 갑자기 허기가 지는 것처럼 궁금증이 올라왔다.

"뭐해? 빨리 가자. 배고파."

어느새 대현과 예리가 교실 문 앞에 서서 재촉을 했다. 놀란 눈을 하며 재호가 부리나케 가방을 챙겼다.

함께 정리해 보기
주거 양극화에 대한 쟁점

사회 복지 팀	논쟁이 되는 문제	경제 성장 팀
집이 부족해서가 아니라 소득 수준의 차이에 의한 것이며, 집 없는 사람일수록 가난해진다.	주거 양극화	집이 부족해서 일어나는 것으로, 새 집을 많이 지으면 가난한 사람도 내 집 마련이 가능하다.
집을 상품으로 취급해서 집값을 오르게 하며, 집 없는 사람의 재산이 줄게 한다.	집을 여러 채 갖는 것	재산 많은 것이 죄는 아니며, 집을 빌려줘 집 없는 사람에게도 이익이 된다.
재개발의 성과가 가난한 사람이 아닌 부자에게 더 돌아간다.	재개발	환경과 시설을 개선하고 더 많은 집을 지어 집 문제를 해결한다.
임대 가격과 기간에서 저소득층이 부담 없는 집을 나라에서 많이 지어야 한다.	공공 임대 주택	나라에서 짓거나, 임대료와 기간을 나라에서 정하는 것은 경제의 자유 침해이다.